KB177218

공감으로 풀어가는
관계 중심 교실 상담

공감으로 풀어가는

관계 중심
교실 상담

김미희, 김순정, 박하은, 배마리아, 성영순
신동우, 이상락, 장현일, 정종훈, 조주원

도서출판
수류화개

추천사 1

유형근(한국교원대학교 교육학과 교수)

학교 교육의 양대 영역은 교과지도 영역과 생활지도 영역으로 나눌 수 있다. 현재 교대의 교사양성 교육과정을 살펴보면 교육과정의 95% 정도가 교과 영역에 관한 내용으로 구성되어 있고 생활지도와 상담에 관한 교육과정은 5% 미만이어서 교육과정의 교과 지도 편중 현상이 심각하다. 그 결과 신규로 발령받은 많은 교사들이 학생들의 생활지도에 많은 어려움을 호소하고 있는 것이 현실이다.

그렇다면 교육 현장에서 교과지도와 생활지도 중 무엇이 더 선행되고 바탕이 되어야 할까? 그것은 두 말할 필요도 없이 생활지도가 바탕이 되고 탄탄하게 잘 이루어져야 학습지도도 효과적으로 가능할 것이다. 그럼에도 불구하고 양성과정에서의 전문적인 교육을 통한 생활지도 역량을 충분히 키우지 않고 현장에 배치되다 보니 가르치는 것은 잘 하는데 학생들과의 관계를 잘 맺고 이를 바탕으로 생활지도를 하는데 많은 어려움을 겪고 있으며, 이는 학부모와의 갈등으로도 연결되어 심각한 심리적 소진을 겪게 되고 결국 교직 생활에 회의를 느끼는 교사들이 많아지고 있다.

그러나 모든 교사들이 이러한 상황에서 좌절하고 주저앉아 있지만은 않는 것 같다. 학생들의 생활지도와 상담에 관해서 나름대로의 고민과 연구를 하여 실제로 교실 현장에 적용하는 과정에서 시행착오를 거치고 반복적으로 개선해 나가면서 어느 정도 검증을 거친 나름의 생활지도 방법을 가지고 있는 선생님들이 제법 많아지고 있는 것도 현실이다. 그러나 개별 선생님들의 좋은 생활지도 및 상담의 방법들이 효과적으로 공유되지 않아 생활지도 실제의 개선에 널리 활용되지 못하고 있었던 것이 현실이다.

　이러한 상황에서 10여 명의 세종초등상담연구회 선생님들이 세종시교육청의 지원을 받아 현장교육 실천서인《공감으로 풀어가는 관계중심 교실상담》이라는 책을 출간한다. 세종초등상담연구회를 통해 다년간의 생활지도와 상담에 관한 고민을 공유하고 많은 연구와 검토를 거쳐 엄선된 내용을 책으로 출판하게 된 것은 교육 현장에서 생활지도의 문제를 해결해 나가는 데 있어서 중요한 밑거름이 될 것이라 생각한다. 특히 학생들의 생활지도에 있어서 수평적인 학생관을 바탕으로 자율적이고 신뢰로운 관계를 형성하고 공감적인 대화를 통해 근본적이고 자발적인 행동변화를 유도해 내려는 다양한 시도들이 제시되어 있어 생활지도에 어려움을 겪고 있는 선생님들에게 많은 도움이 될 것으로 생각된다. 앞으로도 이러한 노력들이 지속적으로 장려되고 활성화되어 선생님들의 생활지도 전문성을 향상시킬 수 있는 기폭제 역할을 할 수 있기를 기대해 본다.

추천사 2

김명숙(세종특별자치시교육청 교원치유지원센터 장학관)

세종초등상담연구회의 초등교원 교육실천서 《공감으로 풀어가는 관계중심 교실 상담》 출판을 축하드립니다.

학생의 배움과 성장을 위한 교육활동 전개 과정에서 빚어지는 각종 고민과 갈등 중 학생의 생활지도, 학부모와의 관계는 많은 부분을 차지하고 있다고 봅니다. 학생들 간에 갈등이 생겼을 때 어떻게 하면 학생들이 관계 속에서 회복하고 공감하며 학교생활을 할 수 있을까? 많은 선생님들이 고민하고 있다고 봅니다. 학생들의 성장이라는 같은 목표 아래 학부모와의 관계도 늘 선생님들에게는 어려운 숙제일 것입니다.

이런 고민과 숙제들을 어떻게 풀어가면 좋을지 해결 방법 제시와 실제 사례를 통해 현장의 선생님들에게 많은 도움을 주리라 생각됩니다.

선생님들에게 꼭 필요한 실천서를 출판해 준 세종초등상담연구회원 여러분 감사합니다.

추천사 3

정상희(세종특별자치시교육청 민주시민교육과 장학사)

책 속의 역동적인 장면들은 교사라면 날마다 직면하게 되는 모습입니다. 해마다 교사를 당황하게 하는 아이들을 만나게 됩니다. 이 책은 교사가 경험하는 교실 속 어려움을 진솔하게 드러내고 고민하여 실천한 사례들이 담겨 있습니다. 책 속의 선생님이 '나'인 듯 공감되고, 동료교사처럼 편하게 다가와 위로받는 느낌입니다. 초임교사나 생활지도에 어려움을 겪고 있는 선생님들께 길잡이가 되어줄 것입니다.

교실 안의 삶을 드러내기란 여간 어려운 일이 아닙니다. 그럼에도 불구하고 용기 내어 서로 나누고자 교실을 활짝 열어주신 선생님들께 감사드립니다.

추천사 4

이보경(경기 고양시 오마초등학교 수석교사, 이화여대 겸임교수)

'체험, 교육 현장!'을 떠올리며 책을 읽었습니다. 선생님들이 전하는 생생하고도 다양한 스트레스에 '아, 맞아, 그렇지!' 공감하고 위로를 받으며 눈을 떼지 못하고 읽게 되네요. 교사는 해마다 새로운 관계를 맺기에 '이직'의 스트레스를 겪는다. 헤밍웨이의 《노인과 바다》처럼 교육이라는 바다에서 사투를 하다가도 뼈만 남은 청다랑어와 깊은 피로감만 안은 채 귀환한다는 반짝이는 표현들에 깊이 공감하며 서글픔도 느낍니다. 이 책을 쓴 선생님들의 목소리를 통해 우리 선생님들이 교육의 과거와 현재, 미래를 어떻게 살고 계시는지 이론이 아닌 실천으로 전달받을 수 있는 귀한 글들의 모음이라 더 소중한 책입니다.

아이들, 학부모, 동료교사, 관리자, 사회의 다양한 단체들의 요구들을 접하며 피로감을 느끼지만, 현재와 미래를 살아갈 아이들을 위해 그래도 교육의 시간을 살아가는 우리 선생님들, 반짝이는 이야기가 아니지만 너무나 솔직하고 진실하기에 더 아프고 더 공감이 되며 더 아름다운 글들입니다. 아울러 이 책이 더 빛나는 것은 교사로서의 고해성사와 학교 현장에 대한 어려움을 보고하는 것에서 끝나지 않고, 우리가 나아가야 할 방향을 스며들 듯 자연스럽게 깨닫게 해준다는 점입니다. '관계'를 초점으로 고통스럽지만 아름답고, 진실된 글로 위로와 공감, 가르침을 주신 '세종초등상담연구회' 선생님들의 노고에 깊은 감동을 느끼며, 다른 분들도 이 책과의 만남을 통해 힐링과 배움을 함께 하시길 기원합니다.

추천사 5

김경집(경기초등상담연구회 회장)

아이들과 공존하는 교실이란 공간에서 구성원 모두가 평화로운 삶을 구축해 내기 위해서는 '관계의 힘'과 '공감의 힘'을 주목해야 한다는 시선이 의미 있게 와닿는다. 관계의 중요성과 공감의 결이 담긴 현장 교사들의 체험적 글쓰기를 만나는 기쁨을 이 책을 통해 누릴 수 있을 것이다.

머리말

학교는 학생들이 하루 중 가장 오랜 시간 머무르는 삶의 공간이다. 학교가 학생들 삶의 중심이 되면서 학생들에게 가장 의미 있는 공간이 된 것이다. 초등교사로서 가장 중요한 역할은 학생들의 수업과 생활지도이다. 수업이 학생들의 지적 성장과 발달을 돕는다면, 생활지도는 인성 발달과 정서적 성장을 돕는다.

과거에는 수업을 통해 학생들의 지적 성장과 발달을 돕는 데 주력하였지만, 요즘에는 생활지도를 통해 학생들의 인성 발달과 정서적 성장에 관심을 둔다. 많은 선배 교사들이 '과거의 학생들은 크게 생활지도가 필요하지 않았는데, 요즘 아이들은 생활지도 때문에 너무 힘들다.'고 한다. 왜 학생들의 생활지도가 교사들에게 힘든 과제가 되었을까?

여러 가지 이유가 있겠지만, 가정에서의 인성교육이 과거와 달라진 것도 한 원인이 될 것이다. 대부분의 부모들은 맞벌이 등으로 가정에서 자녀와 함께 할 수 있는 물리적 시간이 줄어들었고, 자녀들은 학교와 학원에서 시간을 보내느라 가정에서 가족과 함께할 시간이 줄어들었다. 또한 저출산으로 1인 자녀가 늘고 있어 학생이 사회성을 기르는 데 어려움을 겪기도 한다.

교사로서 만나는 학생들의 모습에서 과거의 학생들과 요즘 학생들의 여러 다른 모습을 확인할 수 있다. 과거 학생들이 학교 교사를 좀 더 특별하게 생각했다면, 요즘 학생들은 그렇지 않은 것 같다. 지금 학생들에게는 학교 교사 역시 학원 교사나 방과후 교사처럼 수업을 위해 만나는 여러 교사 중 한 명으로 인식되기 때문이다. 그래서 그런지 교사에 대한 학부모의 시선도 달라진 것을 느낄 수 있다. 학부모의 학력 수준과 경제 수준이 높아졌기 때문인지 전에 비해 학교나 교사를 대하는 태도가 다소 비판적이다. 최근 지역마다 활성화되어 있는 '맘 카페'는 지역의 학교와 교사를 공공연히 비판하는 논의의 장이 되었다. 이 때문에 학교 교사들이 맘 카페를 모니터하고 지역 언론에서도 맘 카페에서 제기한 문제를 기사화하는 경우도 볼 수 있다.

변화된 사회적 분위기로 인해 학교 교사들은 학생들의 생활지도와 학부모들의 과도한 민원에 어려움을 호소하고 있다. 실제로 전국 17개 시도교육청의 보고에 따르면 학교를 떠나는 교사가 2017년부터 3년 연속 증가하고 있다고 한다. 한국교총의 '교직 상담 활동 실적보고서

(2019)'에 따르면, 2018년 기준 접수된 교권 침해 상담 건수가 2008년에 비해 두 배 이상 늘었다. 특히, 교권 침해 사례를 분석하면 학부모에 의한 피해가 절반에 가까웠다는 점이 눈에 띈다. 이런 까닭에 교사들에게 학생 생활지도와 학부모 상담에 대한 전문 역량이 더욱 절실해지고 있으며, 좀 더 안정적으로 학생 생활지도와 학부모 상담을 할 수 있는 방법에 대해 고민하고 연구하려 노력하고 있다.

이 책은 이러한 교사들의 요구와 시행착오를 줄이려는 노력의 결과들을 담아 만들었다. 물론 이미 생활지도와 학부모 상담에 관한 선배 교사들의 성과를 담은 수많은 책이 있지만, 이 책에서는 그와는 다른 새로운 관점을 가지고 학생 생활지도와 학부모 상담을 고민한 노력을 정리하여 담았다.

그것은 바로 교실에서의 평화를 이끄는 '관계의 힘'과 '공감의 힘'이다. 먼저, 관계는 학생들이 가정과 학교에서 만나게 되는 대상들, 즉 가족, 친구, 교사와의 관계이다. 또한 자기 자신과의 관계로서, 이는 자신을 객관적으로 바라보는 힘을 갖게 한다. 둘째는 공감이다. 타인과의 관계에서 공감이 갖는 의미를 학생들에게 어떻게 이해시키는가가 핵심이다. 학생들에게 공감의 의미를 이해시키는 것은 성인에게 공감을 이해시키는 것과는 다른 구체적인 접근이 필요하다. 이 책을 통해 학생들에게 관계의 중요성과 공감의 의미를 정확하게 이해시키는 노력이 교실에서 학생의 삶을 변화시킬 수 있다는 믿음과 실천의 결과들을 기술하였다.

교사와 만나는 학생과 학부모들은 상황과 여건에 따라 모두 다른 장면에서 역동이 작용하기 때문에 꼭 집어 한 가지 비법 같은 생활지도나 상담 사례는 존재하지 않는다. 그러나 세종시 지역의 동료 교사들이 관계와 공감에 초점을 두고 생활지도와 상담을 실천한 결과, 공통적인 변화의 조건이 만들어지면 학생의 정서적 성장과 학부모와의 협력적 이해가 이루어지는 것을 실제 경험하면서 관계와 공감이 교실 상담의 핵심임을 확인하였다.

이 책에는 성공의 사례만을 담고 있지는 않다. 많은 시행착오를 통해 확인하고 통찰한 경험을 소개하고 있다. 이 책이 학생 생활지도와 학부모 상담을 고민하는 교사들에게 새로운 관점으로 학생과 학부모를 바라보는 밀알이 되길 기대한다.

부족하지만 교사들의 연구물을 책으로 정리하여 출간할 수 있도록 '초등교원 교육 실천서' 출판을 지원해주신 세종특별자치시교육청에 감사의 말씀을 전한다.

저자들을 대표하여 장현일 씀

| 목차 |

1부 초등 생활지도 왜 이렇게 힘들까?

2부 교사 자신 들여다보기

3부 선생님이 모르는 학생의 마음속 비밀

4부 교실 평화의 첫 번째 열쇠 — 관계

5부 교실 평화의 두 번째 열쇠 — 공감

6부 관계 중심 교실 상담

7부 학교 자원의 협력적 활용

1부

초등 생활지도
왜 이렇게 힘들까?

1. 옆 반은 아무 문제가 없는 것 같은데 우리 반은 아닌 것 같아요

우리 교사들은 학급을 운영할 때 옆 반과 자연스럽게 비교되어 불안감을 느낄 때가 있다. 그리고 그런 불안감은 내가 학급 운영을 잘하고 있는 것인가? 라는 의문으로 이어진다. 불안감을 없애기 위해서는 불안감을 느끼는 원인이 정확히 무엇인지 알아야 한다. 우리는 구체적으로 어떤 순간에 불안감을 느낄까?

"우리 반은 잘 안되던데... 우리 반만 그런 건가요...?"

같은 학년 전체가 함께 준비하는 한 달짜리 프로젝트 학습. 이런저런 수업에 대한 논의를 하면서 각 반에서의 에피소드가 등장하고, 수업을 진행하며 느낀 점들을 이야기한다.

같은 학년 선생님들께서 말씀하신다.

"우리가 걱정했던 것보다 반 애들이 생각보다 잘하는데요? 확실히 요즘 아이들은 스마트폰이나 컴퓨터에 익숙해서 자료 만드는 것도 조금만 알려주면 잘 따라오네요~"

"맞아요, PPT 활용법도 간단히 알려줬는데 학생들이 프로그램 활용을 잘하더라고요~"

같은 학년 선생님들이 저마다 반 학생들을 칭찬하는 소리가 이어진다. 하지만 우리 반은 그렇지 못하다. 동일한 주제로 학생들과의 생활을 이야기하는데 나만 힘들다고 한다. '오잉? 우리 반은 내 생각만큼 따라오지 못하고 있는데, 무엇이 잘못된 걸까?' '우리 반만 이런 건가... 다른 반은 안 그런가...?' 차이를 느끼는 순간 무언가 잘못됨을 느끼고 불안하다.

"선생님, 옆 반은 '몸으로 말해요' 했다는데요?"

국어 교과 속담 단원을 할 때 옆 반은 속담을 이용해 '몸으로 말해요' 활동을 하는 것에 반해 나는 진도 나가기에 바빠 활동지로 대체한다.

"선생님~ 옆 반은 '몸으로 말해요' 했다는데 우리 반은 안 해요?"

한 번은 못 들은 척 넘어가 보기도 하고 "옆 반이 좋으면 옆 반으로 가세요~~~"라며 나름 배짱식으로 말하기도 한다. 이것도 저것도 아니면 옆 반과 우리 반의 차이점을 설명하며 우리 반이 지금 '몸으로 말해요' 활동을 하지 못하는 이유를 자세히 설명하여 납득시키기도 한다. "우리 반은 지난주에 다른 놀이를 했고, 그래서 진도 나갈 시간이 부족해..."라는 식으로. 어떤 방식으로든 상황은 지나가지만 같은 상황은 자꾸 반복된다.

"와아아아~~~~~~~~~!! 우와~~~~~!!"

우리 반이 조용히 학습지를 풀고 있을 그 때... 옆 반에서 들리는 학생들의 환호 소리.

"와아아아~~~~~~~~~~!! 우와~~~~~!!"

동일한 교육과정, 같은 내용을 진행하면서도 즐거운 소리가 유독 많이 들리는 옆 반과 조용한 우리 반. '우리 반 학생들이 저렇게 신난 적이 있었나?'라는 생각이 들면서 지난 시간들을 떠올려본다.

'학생들이 원하는 활동을 좀 더 해줘야 하지 않을까? 내가 너무 교과서나 진도에만 집중하는 건 아닐까?'

"3반은 쉬는 시간에도 자기 자리에 앉아있네요?"

선생님들이 지나가면서 하시는 말씀 중 하나이면서 질서 정연한 다른 반을 보면 드는 생각이기도 하다. 엄숙한 분위기까지는 원하지도 않는다. 어느 정도의 체계가 잡혀있는 분위기를 원하지만 우리반의 쉬는 시간, 점심시간은 혼돈 그 자체이다. 그에 반해 얌전히 각자 자신의 할 일을 하고 있는 옆 반. 내가 학기 초 학급 규칙 수립에 실패한 건지, 학급 분위기 조성에 실패한 건지. 나 스스로를 돌아보게 된다.

"예? 벌써 5단원 하신다고요?"

연구실에서는 같은 학년 선생님들과 교과 연구에 대한 이야기가 자연스럽게 이어진다.

"이번 국어 6단원은 미술이랑 연계하면 좋을 것 같아요. 미술 전통 그림 감상과도 연관이 있어서 좋은 것 같아요~"

"오~ 너무 좋은 것 같아요. 다음 주에 6단원 나가는데 참고해야겠어요~"

"다들 5단원 하고 계신 건가요? 저희 반은 아직 4단원 2차시인데..."

나름대로 시간표에 충실하여 진도를 나갔다고 생각했지만, 막상 같은 학년 선생님들의 모든 교과 진도 상황을 들어보니 결국 진도 꼴찌는 바로 우리 반. 진도표에 맞게 한 학기를 마칠 수 있을지 불안하다.

학년말 선생님들은 다음 학년 진급을 위해 반 편성을 시작한다

서로 성향이 맞지 않는 학생들을 떼어놓기도 하고 한 반에 같은 성향의 학생들이 너무 몰리지 않게 편성을 한다. 또한 해당 학년에 유독 힘든 학생이 있다면 그 학급 반 편성을 조금 더 신경 쓰기도 한다. 이것은 진급 후 모든 학급의 원활한 학급 운영을 위한 조치이다. 하지만 우리가 이렇게 신경을 썼음에도 불구하고 학급 분위기는 예상과는 다르게 흘러간다. 학생들은 커가며 사춘기를 맞이하기도 하고, 가정환경이 변하기도 하며, 많은 친구를 만나기도 한다. 학생들의 변화까지 예상할 수 없기에 최선을 다해서 나눈 반 편성에도 불구하고 우리들은 말할 수 있다. '우리 반은 올해 힘들어.'

위에서 말한 모든 상황에 불안을 느끼진 않지만, 이 중 적어도 하나의 상황에서는 우리 반과 다른 반을 비교하며 불안을 느낀 적이 있을 것이다. 하지만 위의 상황들은 모두 교사 자신만의 기준 및 가치관, 성향 등에 따라 바뀔 수 있다. 특별실이나 급식실 이동시, 혹은 전담 수업시간 학생들의 모습을 보면 담임 선생님들만의 다른 기준들이 보인다. 급식실 이동시 군대 제식 수준의 줄 맞춤을 원하는 선생님이 계신가 하면, 안전사고만 나지 않으면 크게 신경 쓰지 않는 선생님도 계신다. 옆 반 선생님이 식당에서의 소음 정도까지 허용해주실 아량이 있다면 난 도서관 수준의 조용함을 원하는 차이일 뿐.

우리들의 기준은 모두 다르다. 나만의 기준을 가지고 그 기준에 대한 확신을 갖고 학급 운영에 임한다면 옆 반의 작은 변화에 신경 쓰며 불안해 할 필요가 없다. 학급 운영에 정답은 없다.

2. 교사 스트레스의 원인

사람들은 교사를 안정적인 직업이라 하며, 업무의 강도 또한 매우 낮다고 생각한다. 하지만 결코 사실이 아니다. 안정적인 직업의 의미에는 직업 자체의 안정성, 업무의 안정성 등이 포함된다. 하지만 교사라는 직업은 이것들이 포함되지 않는다.

교사의 이직(?)은 피할 수 없다

교사가 웬 이직이냐? 하는 사람이 있을 수 있지만 교사들은 매년 이직을 한다. 자신이 맡은 학년, 학생이 바뀌어 새로운 학부모를 맞이하고 같은 학년 선생님도 바뀌며, 심지어 교실도 바뀐다. 보통 3~5년 사이에는 학교 자체가 바뀌기도 한다. 엄청난 변화의 시기를 우린 매년 1~2월에 겪는다.

이번 해에 4학년을 맡아 교육과정을 파악하고 다음 해 연속해서 4학년을 맡으면 그나마 사정은 괜찮다. 하지만 우리에게 학년 선정의 우선권은 주어지지 않는다. 대부분 경합을 해야 하기에 현실적으로 다른 학년을 맡게 될 확률이 매우 높다. 기존 학년이 아닌 다른 학년을 맡게 되면 해당 학년에 맞는 교육과정을 다시 파악해야 한다. 또한 어느 학년을 맡게 될지에 대한 불안감이 스트레스로 작용한다.

매년 학년이 바뀜에 따라 동학년 선생님들도 바뀐다. 2020년 통계청 조사에 따르면 10명 중 7명(68%)이 '직장에서 스트레스를 받는다' 하였고, 그중 가장 큰 비중은 '업무 강도'가 아닌 '인간관계'였다. 우리들은 매 년 같은 학년 및 주변 사람들이 바뀌기에 항상 새로운 인간관계 적응이 필수적이고, 만약 같은 학년 선생님과 마찰을 일으킨다면 그 피로감은 엄청나다. 같은 학년 선생님은 항상 우리의 주변에 있기에 마찰은 언제든지 일어날 수 있고, 이런 경우 같은 학년 간 정보교류가 전혀 이루어지지 않으며 학교는 스트레스의 상징적인 공간이 되어버린다.

업무 자체도 힘든데 매년 바뀌기까지

보통 사람들이 생각하는 교사의 업무는 학생의 학업적, 인격적인 성장을 위해 힘쓰는 일, 즉 학생을 가르치는 것이다. 하지만 우리가 생각하는 업무는 이것이 아니다. 우리의 업무는 교육과정, 연구, 방과후 학교, 돌봄교실, 정보, 과학, 영재, 체육, 영어, 다문화, 예술, 진로, 생활, 안전, 학부모, 평가, 학생회, 도서, 방송 등으로 일컬어지는 것들이다. 심지어 청소년단체(아람단, 걸스카우트 등), 친목회까지... 세세하게 열거하려면 너무나 많다. 학교마다 다르지만, 큰 학교는 큰 학교대로 큰 규모에 따른 업무 추진의 힘듦이 존재하며 작은 학교는 교사 1인에게 주어지는 업무의 양이 많기에 힘들다. 오롯이 학생의 성장을 위해 필요한 일이라면 응당 해야 하는 것이 맞지만, 이 중에는 다른 곳에 보여주기 위해 이루어지는 업무도 다수 존재한다. 교사의 본분은 학생을 가르치는 것이다. 우리의 본분이 아닌 다른 업무가 다수 주어지기에 이로 인한 스트레스가 존재한다.

위에서 언급한 업무가 이미 해본 적이 있거나 익숙한 일이라면 상황은 괜찮은 편이다. 우린 매년 말 다음 학년도에 맡을 업무를 희망서에 작성하여 제출한다. 한 가지만 계속해서 맡는다면 그래도 익숙하여 능숙한 처리가 가능할 텐데, 현실은 업무 강도의 경중에 따라 경합이 붙기 때문에 원하는 업무를 연속해서 맡기란 하늘의 별따기다. 여기에 교사의 역량을 말할 때 업무 처리 능력을 논하며 평가하는 분위기까지... 우리가 졸업한 교육대학교 초등교육과에서는 업무에 대해 알려주지 않는다. 우린 업무를 배운 적이 없다. 자세히 알려주지 않으면서 평가하는 상황은 학생들에게 구구단을 알려주지 않은 채 곱셈 단원평가를 보는 것과 같은 이치이며, 이는 우리에게 스트레스를 안겨줄 뿐이다.

학부모의 그림자도 밟지 말자

"스승의 그림자도 밟지 않는다"는 말은 이제 옛말이 되어버렸다. 옛 스승에 대한 존중, 존경의 문화는 사라지고 있다. 아동 학대 방지, 학생들의 인권 존중이 중시되는 현시점에서의 교권은 바닥을 치고 있다. 교권이 바닥을 칠 때 우리에게 다가오는 스트레스 요인은 학생이 아닌 학부모다. 대부분의 학부모가 교사의 교육 철학을 존중해주지만, 일부 학부모들은 교사에 대한 비난 및 평가가 선을 넘는다. 교실 내 사고가 발생하면 각 상황에 대한 대응 요령을 숙지했는지 쉴 새 없이 묻기 시작한다. 또한 법을 운운하며 시간을 가리지 않고 전화하여 교사가 법을 어느 정도 아는지 평가를 위한 질문도 시작한다. 이런 상황을 한 번이라도 마주하면 교사는 학부모에게 면접 받는 기분이 들 뿐만 아니라 교직에 대한 회의감도 들게 된다. 여기에 더해 이와 같은 민원 상황에서 관리자가 교사 측에서 적극적으로 대변해주지 않고 해당 교사의 역량만을 탓한다면 우리는 더 이상 서있을 곳이 없다.

위와 같은 경우에 대부분의 교사는 스트레스를 받는다. 이 스트레스를 제때 풀지 않으면 방학이 시작되기도 전에 몸과 마음이 지치게 된다. 우린 스트레스를 풀어야만 한다. 어떤 방식으로 풀어야 할까?

퇴근 후 적어도 일주일에 1~2회 정도 온전히 나를 위해 사용하는 시간이 있어야 한다. 1~2시간이라도 좋다. 독서, 악기 연주, 운동 등 스트레스를 풀 확실한 방법을 가지고 있으면 더욱 좋다. 만약 이런 시간이 보장된다면 이 시간은 다음 일주일을 사는 삶의 원동력이 되어줄 것이다.

이것이 보장되지 않는다면 같은 학년 선생님을 활용하자. 우리들의 옆 반 선생님들은 생각보다 뛰어난 인성의 소유자들이다. 또한 나와는 다른 풍부한 경험을 가지고 있는 분들도 많다. 생활지도, 학업지도, 업무 방법 등에 대해 적극적으로 조언을 구해보자. 한 가지를 물어보면 두 가지 이상을 알려주는 친절한 분들이 있을 것이다. 또한 같은 학년 선생님은 같은 학교 학년에 소속되어 있기에 내가 처한 상황에 공감해주실 확률이 높다. 같은 학년 선생님들에게 학교생활의 힘든 점을 이야기해 보자. 이야기하는 순간, 내가 머리 위에 지고 있던 스트레스의 무게가 확연히 줄어듦을 깨달을 것이다. 물론 같은 학년 선생님과의 거리를 두고 싶어 하는 사람도 있을 것이고, 혼자만의 시간을 갖고 싶어하는 사람도 있을 것이다. 어떤 방법 어떤 방식이든 상관없다. 방과 후 스트레스를 풀어야만 한다는 것이다. 많은 시간은 필요없다. 자신만의 시간을 만들자. 평일이든 주말이든 길든 짧든.

3. 교사로서 자신감을 잃게 되는 이유
교직, 정말 끝까지 할 수 있을까?

왜 그만두고 싶을까

요즘 들어 '내가 이 일을 과연 계속할 수 있을까? 이 일이 그만큼 가치 있는 일일까?' 하는 의문이 계속 든다. 사실 교사만큼 직업적 동기 유발이 쉬운 직업이 없다. 우리는 미래를 길러내고 있다. 우리는 물질적 풍요로움보다 교육이라는 가치 있는 일에 몸담고 있다. 또 안정적이며 사회에서도 인정받는 직업이다. 그럼에도 나는 그리고 다른 많은 교사가 왜 이 직업에 큰 만족감을 느끼지 못하고 그저 생존을 위해 매일을 버텨내고 있을까?

이 직업을 소명의식으로 해야 하는 건지 생계수단으로 해야 하는 건지 모르겠다

처음 교사가 되겠다고 다짐했을 때는 마음속에 뭔가 뜨거움이 있었다. 대안학교에서 공립학교를 떠나 방황하는 아이들을 만나면서 공교육에서 아이들에게 따뜻함을 주어야 한다는 생각이 들었다. 가르침에 대한 열정도 있었다. 그런데 지금은 그 어느 것도 느껴지지 않는다. 아무것도 없다. 교사는 나의 소명이 아니라 그저 돈을 벌기 위한 수단이 되었다. 그렇다면 굳이 나를 갈아가며 이렇게 힘들게 돈을 벌어야 하는가? 하는 의문이 든다. 그러다가도 '아니지, 그래도 감사하고 사랑하며 해야지. 내 첫 마음을 기억하자.'라고 다시 한 번 다짐한다.

스승의 날이었다. 엎드려 절 받기 같아서 잘하지 않는데 그래도 지난 선생님께 감사하자는 의미로 아이들과 함께 색종이로 카네이션을 접어 감사 카드를 만들었다. 한 아이가 말한다.

"이거 왜 써야 해요? 우리 엄마한테 쓰면 안 돼요?"

"어머니께 쓰는 것도 좋지. 그치만 어버이날이 있었잖아. 오늘은 스승의 날이고. 작년에 널 가르쳐주셨던 선생님께 도움받은 것 짧게 라도 감사하다고 써보자."

"선생님 돈 받고 가르치는 거잖아요. 근데 왜 감사해요? 당연한 건데?"

옆에 있던 아이가 말한다.

"맞아요. 우리 엄마 아빠가 세금 낸 걸로 돈 받고 일하는 거잖아요."

침묵.

"우와, 내가 작년에 널 가르친 선생님이었으면 방금 네가 한 말 듣고 진짜 속상했을 거 같다."

웃으며 넘겼지만 심장은 쿵쾅거리고 속이 메스껍다.

아이가 알려줬다. '아, 교사는 돈 벌려고 하는 거구나. 소명 그런 게 아니고.' 아이가 한 말, 틀린 말은 아니다. 그럼 돈 받은 만큼만 일하면 되나? 그런데 왜 뭘 자꾸 더하라고 하는가? 퇴근 시간이 지났는데 왜 자꾸 전화하는가? 교사도 똑같은 월급쟁이면 다른 월급쟁이들하고 똑같은 시선으로 봐야지, 왜 더 높은 잣대로 평가하는가?

하루종일 사람에게 시달린다

출근해서부터 때로는 퇴근 이후까지 남녀노소 구분 없이 상대한다.

그리고 상대하는 사람들은 하나같이 나에게 자신들의 이야기를 들어달라고 문제를 해결해 달라고 한다. 불만 가득한 목소리와 표정으로 와서는 울거나 화를 내거나 한다. 내가 어떤 상태인지는 상관하지 않는다. 나는 기쁠 때도 슬플 때도 화가 날 때도 일관된 자세로 그들을 대해야 한다. 자신의 불만을 다른 사람에게 전해 달라고 한다. 그것으로 곤란해질 나는 생각하지 않는다. 그들에게 나는 감정 쓰레기통이며, 자신들의 말을 전해 주고 문제를 풀어줘야 하는 로봇 같은 존재로 여겨진다. 함께 일하는 사람들과의 관계도 쉽지 않다. 서로 얼굴을 붉히지 않기 위해서 불편한 사실은 감추고 표면적인 관계로 좋은 게 좋은 거니까 하며 지낸다. 하루 종일 사람에게 시달리고 나면 정작 내가 더 사랑하고 아껴야 하는 사람들에게 함부로 대하게 된다. 매일 이렇게 사람에게 상처받고 상처를 주고 하면서 계속 사람한테 시달리다 보니 이 일을 그만두고 사람을 최소로 만날 수 있는 일이 없을까 생각하게 된다. 그냥 무생물에 둘러싸여 살고 싶다. 그 어느 것도 나에게 말 걸지 않고, 내가 가기 전에는 가까이 오지 않는, 나에게 이것저것 요구하지 않는. 아이 하나는 온 우주로 교실에 온다고 한 글이 기억이 난다. 하지만 그 우주를 감당하기에 내 경험은 너무 부족하고 내 마음은 너무 좁다. 내가 만나는 모든 사람들의 인생을 감당하는 것은 내게 너무 버겁다.

교사는 완벽해야 한다

단지 '교사'라는 직업을 가졌을 뿐인데 세상이 나에게 요구하는 기준이 너무 높다. 세상은 좁고 내가 가르친 아이들, 그 아이들로 인해 알게 되는 사람들은 점점 많아진다. 길을 걸을 때도, 식당에서 밥을 먹을 때도, 버스를 기다릴 때도, 버스 안에서도, 마트를 갈 때도 누군가 나를 보고 있을 거라는 생각을 한다. "선생님, 누가 어제 선생님 어디 있는 거 봤대요." "선생님 지난 토요일에 누구랑 있었죠?" 누가 그랬다. 교사는 돈 못 버는 연예인이라고. 그 관심들이 불편하다. 더해서 완벽하지 않은 교사에게 완벽을 바란다. 그냥 넘어갈 수 있는 문제도 '교사'라는 타이틀이 붙으면 '어떻게 교사가' '교사로서 자격 박탈이다.' '그런 교사에게 배우는 우리 아이들이 불쌍하다.' 등의 비난이 쏟아진다. 그렇게 계속 비난을 받다 보면 나 스스로도 나에게 높은 기준의 잣대를 들이밀게 된다. 누가 뭐라고 하지 않았는데도 혼자 자책하고 힘들어한다. '이런데도 교사를 계속해도 될까?' '교사답지 못한 행동이었어.' '이것 밖에 못해서 아이들에게 미안하다.' 라며……. 열심히 해도 더 해야 할 것 같아 나 자신을 너무 가혹하게 대한다.

'모든 책임은 교사에게 있다.' – 세상 모두 曰

교실에서 아이들이 싸운다. 교사 책임이다. 아이들이 수업 시간에 집중하지 못하고 떠든다. 교사 책임이다. 아이가 복도에서 뛰다가 넘어진다. 교사 책임이다. 아이가 다쳤다. 교사 책임이다. 아이가 음식을 잘못 먹었다. 교사 책임이다. 아이가 학교에 가기 싫어한다. 교사 책임이다. 아이가 활동에 참여하지 않았다. 교사 책임이다. 아이가 학원을 제시간에 못 갔다. 교사 책임이다. 아이가 친구 없이 홀로 있다. 교사 책임이다. 아이가 놀이터에서 맞았다. 교사 책임이다. 학원에서 아이들이 싸웠다. 교사 책임이다. 두 아이의 엄마 아빠들이 싸웠다. 교사 책임이다. 수업을 잘하는 것도 못하는 것도, 업무를 잘 처리하는 것도 못하는 것도, 전부 교사 책임이다.

"선생님이 좀 잘 봤어야 하는 거 아니에요?" "상황이 이렇게 될 때까지 선생님은 뭘 하셨어요?" "정말 실망이네요." "선생님이면 당연히 그렇게 해야 하는 거 아니에요?" "그건 선생님이 알아서 처리하세요." 이 모든 상황에서 나는 끊임없이 '죄송'해야 한다. 문제가 생기면 교사는 자신이 해야 할 것들을 다 했음을 자신이 결백함을 스스로 증명해야 한다. 기록이 남아있지 않으면 책임을 다하지 않은 것이며 교사는 스스로를 지킬 수 없다. 결백해도 결백하지 않은 것이 된다. 아직 내 인생 하나도 책임지는 것이 어려운데 내가 어떻게 다른 사람의 인생까지 책임질 수 있나. 일이 항상 뜻대로 되지 않는데 잘못된 일에 대한 이해와 관용이 없다.

교사로서 학교 현장을 바꾸기 위해 내가 할 수 있는 것이 없다. 교사 편이 없다

감당하기 힘든 책임들에 비해 교사에게는 아무 힘이 없다. 교육 현장에는 아이들의 소리, 학부모의 소리, 기관의 소리만 있을 뿐 교사들의 소리는 없다. 부조리한 것이 있어도 그냥 넘어간다. 어차피 말해도 아무 소용이 없다는 것을 교사들은 잘 알고 있다. 학습된 무기력이 교사 집단에 가득하다. 문제가 생겨서 교육청에 도움을 요청하면 교육청은 학교에서 알아서 해결하라고 한다. 아니, 학교에서 좋게 좋게 해결하라고 한다. 웬만하면 민원인의 요청을 들어주라고 한다. 그럼 학교에서는 그 일을 교사에게 하도록 한다. 이렇다 할 규정은 없다. 그냥 해달라는 대로 다 해주라고 한다. 그리고 생긴 문제들도 다 교사가 책임지고 수습해야 한다. 모든 교사가 그런 책임져야 하는 일에 둘러싸여 있다 보니 동료 교사들을 챙길 여유가 없다. 민원인은 물론이고 기관도 학교도 교사 편이 아니다. 거기에 아이들마저 교사 편이 아니면 정말 버티기 힘들다. 노인과 바다의 노인처럼 홀로 고독한 싸움을 해야 한다. 그리고 집에 돌아오면 남은 것이 아무것도 없다.

새로운 것을 할 힘이 없고 앞으로도 이렇게 발전 없이 살 것만 같다

계속되는 불편함과 과중한 책임, 반복되는 무기력은 교사들이 생존을 위해 하루를 버텨내는 데 집중하게 한다. 새로운 것을 생각하고 스스로를 좀 더 발전시키는 데 사용할 에너지가 없다. 인생이 '하루살이' 같다고 하는 교사들을 많이 만났다. 눈앞에 생긴 과제들을 쳐내는 데만 오늘 하루를 살아내는 데만 집중하다 보니 그 너머의 것을 바라지 못한다. 멀리 보지 못하게 되었다. 어디로 가고 있는지 어디로 가야할지 방향을 잃었다. 매일 이렇게 살다가 내 인생이 끝나버릴 것 같아 슬프고 두렵다. 시작한 일을 끈기 있게 해내지 못하고 중간에 그만두는 일이 잦아진다. 10년 뒤에도 20년 뒤에도 이렇게만 살고 있으면 어쩌지.

다른 교사의 문제들이 나에게도 일어나지 않을까 불안하다

교사들이 모인 자리에서는 자연스럽게 교사로서의 삶을 나누게 된다. 그리고 그 삶을 들어보면 여전히 교직에 있는 것이 신기하고 이상할 때가 많다. 말도 안 되는 아이와 매일 전쟁을 치르며 생활하는 이야기부터 학부모에게 손찌검을 당한 이야기, 소송으로 법적 분쟁에 휘말린 이야기까지 들으면 들을수록 숨이 막힌다. 내가 겪은 일은 아무것도 아닌 것처럼 느껴진다. 그리고 나는 운이 좋아서 아직 그런 일들이 일어나지 않았을 뿐 언젠가는 일어날 수 있는 일이라는 생각이 든다. 매일매일 시한폭탄을 달고 사는 기분이다. 우리는 눈에 보이는 공포보다 언제 어디서 생길지 모르는 공포에 더 두려움을 느낀다. 예상치도 못한 곳에서 튀어나오는 문제들은 하루에도 몇 번씩 내 심장을 철렁하게 한다. 나는 저 선생님과 같은 일이 일어나면 교사 생활을 유지할 수 없을 것 같은데……. 두렵고 불안하다.

교직, 정말 끝까지 할 수 있을까?

4. 이해가 안 되는 학생들

학급 안에 도저히 이해가 안 되는 아이들이 있다. 도저히 이해되지 않는 학생이 있다면 참으로 하루하루 많은 에너지가 소모된다. 일요일 저녁이 되면 자신도 모르는 새 '학교 가기 싫어.'라는 말이 입에서 절로 새어나올 수도 있다. 그런 학생이 학급에 없고 모든 학생이 이해가 된다면 그 해는 행운이라 하겠다.

딱히 학생과 교사의 관계를 떠나서 학교 밖 사회에서 만나고 같이 부대껴야 하는 사람 중 이해가 되지 않는 사람이 있다면 같은 성인끼리라도 참으로 껄끄럽고 얼마나 많은 스트레스가 쌓일지 상상해 볼 수 있을 것이다. 드라마나 영화에서만 하더라도 두 주인공이 서로의 이해할 수 없는 행동과 생각의 차이로 티격태격하는 모습을 자주 찾아볼 수 있는 것처럼 말이다. 관계에서의 갈등은 대부분 상대방의 이해할 수 없는 생각과 감정, 행동에서 시작한다고 보아도 좋다. '이해할 수 없음'은 상대방의 진심을 왜곡해서 받아들이게 하고, 또 그로 인한 오해를 불러오곤 한다. 드라마의 인물들이 그렇게 행동할 수밖에 없었던 특별한 상황을 알아가고 서로의 속마음을 알아가는 과정에서 상대방에 대한 이해가 시작되면 눈 녹듯 서서히 둘 사이의 갈등이 해소되는 것을 볼 수 있다.

지금 우리가 말하려고 하는 것은 교실 안의 어린 아동과 교사와의 관계이다. 매일매일 만나야만 하는 사이인데다가 등교해서 하교할 때까지 지속적으로 교실이라는 공간에서 같이 생활해야 한다. 게다가 학습을 지도해야 할 뿐만 아니라 그 학생과 다른 학생들 간의 역동에서 벌어지는 부적절한 상황까지 컨트롤해야 하는 교사는 자연스레 힘에 부칠 수밖에 없다. 이해가 안 되는 학생이 다수일 경우에는 교사의 스트레스가 어느 정도일지 가늠조차 하기 어려울 정도다. 수업시간에 검정색 크레파스로 공책에 도배하는 아이, 자기 얼굴에 네임펜으로 애꾸눈을 만들어 놓는 아이, 딱풀을 풀어 책상에 묻혀 놓는 아이, 툭 하면 친구를 때려서 울리는 아이, 교실 문 앞에서 아이들 못 나가게 막거나 놀리는 아이, 복도에서 뛰다 넘어져서 큰 소리로 엉엉 울며 남 탓하는 아이……

'선생 똥은 개도 안 먹는다'는 속담이 있다. 사람마다 뜻을 달리 해석할 수 있겠지만 선생의 일이 워낙 힘들고 고되어 선생의 똥마저도 먹을 게 없어서 개조차도 먹지 않는다는 것이 본래의 뜻이라고 한다. 학생 지도를 하거나 생활지도를 하거나 교실에서 일이 벌어졌을 때, 그 일과 관계된 학생들의 행동과 그 학생의 생각과 감정들이 어느 정도 이해가 된다면 교사는 보다 쉽게 일을 수습하고 마무리해서 원래의 활동 속으로 학생들을 이끌 수 있을 것이다. 하지만 이해가 되지 않는 상황이라면 교사부터도 혼란을 겪을 것이며, 수습에 시간이 지체되고 계획한 활동의 원래 궤도로 학생들을 이끌기가 쉽지 않을 것이다. 이해할 수 없다는 것은, 때로는 복잡 다양한 요소들이 한데 뭉쳐 돌아가고 있는 특수성을 지닌 교사의 직무 수행을 방해하는 요소로, 때로는 그 순간순간이 빚어내는 상황들이 교사로 하여금 자제력을 잃게 만들 정도의 고강도 스트레스로 작용한다. 그래서 선생 똥은 개도 안 먹는 게 아닐까?

3학년 담임을 하다가 1학년 담임을 하게 된 선생님이 계셨다. 이 선생님은 교육 경력도 풍부하고 안정적으로 학급을 잘 이끄시는 분으로,

새로 맡은 학급도 무난히 잘 이끄실 것으로 예상했다. 그런데 이상한 점이 있었다. 학급의 학생들 중 몇 명의 학생을 1호부터 6호까지 명명하는 것이었다. 그 학생들은 수업 분위기를 흐리고 급우들과 다툼이 잦았으며 선생님의 말씀을 어기는 행동을 하는 학생들로, 정도가 심한 학생 순으로 1호부터 6호까지 지정한 것이다. 선생님의 목표는 1호부터 6호까지 학생의 부모님 면담을 통해 학생의 학교생활 실상을 알려주고 가정에서 까닭을 알아보고 적절히 대처하도록 하는 것이었다. 선생님은 1호 학생을 ADHD 진단을 받도록 권유하시고는 학생이 ADHD 판정을 받아 약을 먹고, 학급이 보다 '편안한' 상태가 되자, 같은 방법으로 한 명씩 ADHD 진단을 권유하는 방법으로 '편안한' 학급을 만드는 일을 진행하겠다고 했다. 그 6명의 학생이 모두 ADHD는 아닐 수도 있는데 말이다. 선생님의 어려움에는 공감되지만, 학생을 대하는 방식에는 결코 공감을 할 수 없어 안타까움이 남았다.

교실에는 모두 똑똑하고 차분한 학생만 있는 것이 아니다. 지금 상황이 어떻게 전개되고 있는지, 무슨 일이 왜 벌어졌는지를 인지하지 못하는 학생도 있다. 자신이 지금 어떠한 행동을 하는 것이 적절한지를 알지 못하는 학생은 분명 다른 학생들 사이에서 튀는 행동을 할 것이며, 이러한 패턴이 반복되면 도무지 이해가 가지 않는 학생으로 치부하거나 무조건 ADHD 약을 먹어야 하는 학생으로 단정하는 실수를 범하기도 한다.

대부분의 교사들은 어려서부터 규칙과 질서를 잘 지키고 열심히 공부하며 교육학을 전공하는 정도를 걸어 교사가 되는 경우가 많다. 하지만 교실에서 만나는 학생들은 다양한 가정환경과 기질을 가진데다가 어리기까지 하다. 어리다는 것은 성숙의 반대되는 뜻을 가진다. 교사는 이러한 자신과 다른 성향의 성숙하지 못한 어린 학생들을 필연적으로 만날 수밖에 없다.

나와 다르다고 해서 틀린 것일까? 성숙하지 못한 행동을 꼭 잘못된 행동이라고만 말할 수 있을까? 지금 교실에 정말 이해가 가지 않는 학생이 있다고 느낀다면 나와 다르고, 미성숙한 그 아이가 소중한지 소중하지 않은지를 생각해 보아야 한다. 물론 답은 '소중하다'로 정해져 있다.

이해 불가의 그 어린 학생을 소중한 존재로서 인식하고 대하려는 노력이 필요하다. '간을 본다'는 표현이 적절할지는 모르지만, 새 학기가 되면 학생들은 새로운 선생님을 간 본다. 처음 몇 달 동안 선생님의 말투와 행동 등을 관찰하며 선생님이 나를 어떻게 여기는지를 체득한다. 선생님이 나를 소중하게 여기고 사랑해준다는 것을 느끼고 그 느낌을 확신하는 순간 학생은 진심으로 선생님을 따르고 미숙하나마 그 학급의 규칙과 질서를 따르려고 노력을 한다. 그렇다면 교사는 어떠한가? 그 과정 속에서 학생의 문제행동뿐만 아니라 강점과 재능도 함께 볼 수 있는 균형 잡힌 시각을 갖추고, 학생의 긍정적 동기와 가능성 실현을 위해 노력하는 성숙한 교사가 되어가고 있을 것이다.

교사와 이해 불가였던 학생 모두가 행복하기 위한 첫걸음은 바로 교사의 노력이다. 교사의 사명감으로 골치 아프고 밉게 느껴지는 학생조차도 소중한 존재로 대해주어야 하는 노력이 필요하다. 당장은 '이해 불가' 학생일지라도 모두가 가치 있는 존재로서 교사가 그 학생을 소중히 여기려는 노력은 너무나도 가치 있는 일이다.

교사와 학생에 대한 공감적 이해가 가능한 순간 학생의 미숙한 행동이 불러오는 오해와 갈등이 이해와 믿음 그리고 존중으로 변하는 매직을 경험할 수 있을 것이다.

5. 학급 분위기가 나빠지는 것을
그대로 보고 있을 때

    교실의 분위기는 1년의 학급살이를 하는 데 대단히 중요한 부분을 차지한다. 좋은 분위기의 학급은 아이들의 정서를 안정시키고 학습욕구를 일어나게 만들며 학급생활을 즐겁게 만든다. 학급의 분위기는 크게 교사요인과 학생요인으로 나눌 수 있다.

    교사요인으로는 방관자적인 교사, 민주적이고 친근한 교사, 너무 엄격한 교사로 나눌 수 있다. 방관자적인 교사의 학급은 항상 분위기가 어수선하고 학급이 들떠 있다. 그 학급의 학생들은 바르지 못한 행동이나 일탈행동을 하는 데 주저함이 없으며 어떤 학생들은 그런 다른 학생들의 행동을 통해 상처받고 그런 행동을 비난하거나 비판하면서 서로 충돌이 생기곤 한다. 그로 인해 학급 분위기는 나빠지고 정서적인 안정이 일어나지 않아 어수선한 상태가 되어버리곤 한다. 교사가 방관자적인 태도로 일탈행동을 제지하지 않거나 미온적인 태도를 보임으로써 시간이 지날수록 아이들은 교사의 지도를 무시하는 사태가 벌어지기도 한다.

    너무 엄격한 교사의 학급은 겉보기에는 아무 문제가 없는 것처럼 보이기도 한다. 담임 교사가 지켜보는 가운데에선 아무런 일탈행동도 일어나지 않고 조용한 교실 분위기가 지속된다. 하지만 일탈행동들은 교사가 보이지 않는 시간과 공간 속에서 교묘히 일어난다. 특히 쉬는 시간이나 점심시간 방과후 수업 시간이나 일과 시간에 풀어내지 못한 욕구들을 분출하는 경우가 많다. 교사의 지나친 엄격함은 수업시간에도 영향을 끼친다. 학생들은 늘 타율적이며 자발적인 학습이 일어나지 않는 경우가 많다. 항상 주눅들어 있고, 그래서 발표와 활발한 토론이 일어나지 않는다. 항상 교사가 많은 말을 해야 하고 아이들은 수용적인 자세와 수동적인 태도로 받기만 하는 학습에 머물 뿐이다.

민주적인 교사의 학급은 활발하고 적극적인 학습이 일어난다. 교사와 학생 사이의 관계가 좋아 학생들은 교사에게 의견을 제안하기에 거리낌이 없으며 교사는 학생의 제안을 긍정적으로 생각하고 받아들여 학급 운영에 적극 활용한다. 일탈행동을 하는 학생에게는 친절하지만 단호한 태도를 보이며 일탈행동에 대해서는 엄격함을 보인다. 이러한 분위기는 수업에도 전이되어 활발하고 적극적인 학습이 일어나고 자기주도적인 학습이 일어난다.

학급의 분위기가 교사에게만 달려있는 것은 아니다. 학생들 역시 큰 영향을 미친다. 학생들 중 문제행동을 일으키는 학생의 유무, 그 행동에 동조하거나 모방하는 학생의 유무에 따라 학급 분위기가 달라진다. 학급에서 교사의 지시나 지도에 따르지 않는 학생이 있더라도 나머지 학생들이 그 문제행동을 따라 하지 않고 지지하지도 않으면 이내 풀이 죽어 문제행동의 빈도가 줄거나 없어지지만, 반대로 그런 행동을 모방하거나 그런 행동에 학생들이 즐거워하면 더욱더 그러한 행동들이 늘거나 심해지기도 한다.

학급의 분위기는 일 년 내내 항상 일정하지 않다. 처음에는 좋지만 점차 학생들이 본색을 드러내면 언제든 달라질 수 있다. 따라서 교사들은 학급 분위기가 나빠지는지를 항상 경계하며 바라보게 된다.

예를 들어, 전학생이 오게 됨으로써 학급의 분위기가 변하게 되는 경우가 있다. 물론 긍정적인 변화와 부정적인 변화 모두의 경우가 다 해당한다. 조용하고 차분하며 침체된 것 같은 분위기의 학급이 있다. 그런데 어느 날 이 학급에 명랑하고 발표도 잘하며 학습능력도 좋은 학생이 전학을 오게 된다. 그러면 이 학생의 영향력으로 인해 학급 전체의 분위기가 밝아지고 학습이 명랑하게 일어나는 경우가 있다. 이런 경우는 매우 긍정적인 경우이다.

때로는 반대인 경우도 있다. 제법 차분할 때는 차분하고 활발할 때는 활발하게 움직이던 학급이 전학생이 한 명 와서 분위기가 어수선해지고 다툼이 일어나고 기존 학생들 사이의 관계에 끼어들어 문제가 생기는 경우도 있다.

전학생이나 다른 기타의 외부적 요인이 없는데 학급의 분위기가 나빠지는 경우도 있다. 이런 경우는 학기초에 비해 서로 눈치를 보는 상황이 아닌 교사와 학생이 서로 익숙해진 부분도 있다. 이 경우는 보통 기본 생활 습관을 다시 학기초를 상기시키며 잡아갈 필요가 있다. 학기초에 학생들과 이야기했던 학급 규칙이나 생활 태도에 대해 서로 반성해보고 지키기 힘든 것들, 바꾸어야 할 규칙들 등에 대해 학생들과 이야기하고 서로 공감하면서 바꾸어 나가면 다시 교실에서 지켜야 할 것들에 대해 학생들이 상기할 수 있고 교실의 규칙을 아이들에게 다시 주지하는 효과가 있다.

2부

교사 자신
들여다보기

1. 나는 어떤 교사인가?

교사로서 나는 어떤 유형인가

INTJ

애니어그램 8번

히틀러타입

한 번쯤 들어봤을 MBTI, 애니어그램, 에고그램에서 설명하는 필자의 유형이다. 혹시 이 검사들에 대해 알고 있는 독자가 있다면 내가 어떤 사람인지 대충 그림이 그려질까?

이 글에서 위의 검사들에 대해 자세히 설명할 필요는 없을 것 같다. 이 책에서 중점적으로 다루는 내용이 아니고, 이미 알고 있는 사람이 대부분일 것이기 때문이다. 풍성하게 연구된 다른 책이 많을 테니 관심이 있으면 찾아보길 바란다. 인터넷에서도 손쉽게 무료로 테스트 할 수 있다. 구글 검색창에 성격검사유형 이름만 입력하면 늘 검색결과 가장 위에 무료 검사 사이트 링크가 있다.

MBTI − https://www.16personalities.com/ko/무료−성격−유형−검사

애니어그램 − https://enneagram-app.appspot.com/quest

에고그램 − https://egogramtest.kr

요즘 사람들은 자신이 누구인지에 대해 과도하게 알고 싶어 하고 자신을 어떤 유형의 사람이라고 설명하고 싶어 하는 것 같다. 일주일에 한 번은 꼭 친구나 동료 선생님들로부터 다양한 성격유형검사 링크가 날아온다. 그리고 검사 결과를 가지고 이야기를 나누며 이건 정말 너 같다느니, 그 결과가 나올 줄 알았다느니, 우리는 정말 안 맞는다, 우리는 운명이다, 이런 대화를 하며 한바탕 웃음을 쏟아낸다.

가끔 사람들 속에서 홀로 있을 때 내가 도대체 왜 이렇게 행동하는지, 왜 이렇게 느끼는지 답답하고 당황스러울 때가 있다. 저 사람은 도대체 왜 저렇게 행동하는지 이해가 되지 않을 때, 난 왜 저 사람이 아무것도 안 해도 싫은지 내가 문제가 있다고 느껴질 때 어떤 종류든 상관없이 성격 유형 검사를 보고 나면 마음이 좀 편해진다. 소름끼치게 비슷한 검사 결과부터 '이건 아닌데?' 하는 검사까지, 반신반의하며 이런저런 검사를 하면서 손이 닿지 않아 간지러웠던 부분들을 긁어주고 인간에 대한 지경을 넓히고 나면 또 아무렇지 않은 듯 일상에서 만나는 다양한 사람들과 부대끼며 지낼 수 있게 된다. 그리고 이제는 이 일상의 경험을 교실이라는 작은 사회에 가져와 적용해보려 한다.

나는 내가 어떤 사람인지에 대해서 끊임없이 생각하고 고민해 보았지만 한 번도 내가 어떤 유형의 교사인지 생각해보지는 않았다. 내가 아이들을 어떻게 바라보고 대하는지, 아이들은 나를 어떤 사람으로 생각하고 느끼는지 막연한 생각들을 정리해보면 교실 속에서 나도 아이들도 서로에 대해 조금은 너그러워지고 편해지지 않을까.

애니어그램 — 8번 유형, 도전하는 사람(지도자)

'우리는 8번 유형에게 도전하는 사람이라고 이름을 붙였다. 이들은 스스로가 도전하는 것뿐 아니라 다른 사람들도 어떤 일에 도전해서 자신의 능력 이상의 일을 해내도록 격려하는 것을 즐기기 때문이다. 이들은 사람들을 설득해서 온갖 종류의 일, 회사를 시작하는 것, 도시를 건설하는 것, 집안을 꾸려 나가는 것, 전쟁을 하는 것, 평화를 이루는 것 등을 할 만한 카리스마와 신체적, 심리적 능력을 가지고 있다.'

※ 두려워하는 것 – 통제 당하는 것, 상황을 통제하지 못하는 것

– 출처: http://enneagram-app.appspot.com/type8

아이들에게도 도전의 중요성을 자주 이야기한 것 같다. 그리고 아이들이 납득하고 도전할 때까지 끊임없이 설득한다. 아이들은 곧잘 나에게 설득되어, 하지 않던 것을 시도해보고, 성공과 실패를 겪으며 성장한다.

모든 것이 내 예상과 계획안에 있을 때 편안함을 느낀다. 예상치 못한 상황이 생겼을 때나 누군가 나를 내가 원하지 않는 방향으로 끌고 가려고 할 때 불편함을 느낀다. 이런 나에게 돌발적인 교실의 상황은 종종 좌절을 느끼게 한다. 한꺼번에 여러 문제가 터지면 사고가 멈추기도 한다. 당장 해야 하는 업무로 전화가 왔는데 나는 두 아이를 상담 중이다. 그런데 저 멀리서 또 다른 아이들이 싸운다. 화장실에서 돌아온 아이가 울면서 나에게 온다. 그러면 나는 그 중 어느 것도 해결하지 못한다.

에고그램 — 히틀러 타입

'목적의 강요, 권위의 강요가 특징이며 반대 의견에는 거의 귀를 기울이지 않습니다. 목적을 수행하기 위해서는 소속된 사람 모두가 기꺼이 희생되어야 한다는 사고방식으로 치우치기 쉽습니다. 또 사회의 다양성을 인정하지 않기 때문에 일률적인 것을 강요합니다. 자신에게 능력이나 역량이 있

을수록 스스로 경계하고 자숙하지 않으면 주위에 엄청난 영향을 미칠 것입니다. 완고한데다 인간미가 전혀 없는 타입이므로 좀 더 다른 사람을 배려하고 경직된 이성으로부터 벗어나는 마음의 융통성이 필요합니다.'

– 출처 https://egogramtest.kr/result/ABBCC

내가 옳다고 생각하는 것을 추진하는 힘이 있지만 그만큼 고집이 세서 되든 안 되든 밀어붙이는 경향이 있어 아이들이 힘들어 할 때가 있다. 힘들어 하는 것이 눈에 보이지만 해야 한다고 판단을 한 뒤라면 우선 하고 본다. 그런 것이 학급을 운영하고 수업을 하는 데 있어 긍정적인 면이 많지만 때로는 아이들에게 미안하다. 또 내가 하고 싶은 것은 좋다고 생각하는 것은 주위 시선에 상관없이 추진한다. 그래서 학급수가 많은 경우 다른 선생님들을 곤란하게 만들 때가 있었다. 자숙하라는 이야기도 들은 적이 있다. 대쪽 같다는 말을 많이 들어 이렇게 살다가는 부러지는 날이 올 것 같아 갈대와 같이 유연함도 가지려 노력하고 있다.

부끄럽지만 나의 성격 유형 검사 결과를 가지고 나만의 분석을 해보았다. '내가 그래서 힘들었구나. 그 아이는 그래서 나랑 안 맞았구나. 나는 이런 것을 조심해야겠구나.' 이 기회를 통해 교실에서 나와 아이들의 관계를 돌아볼 수 있었고 교사로서의 나의 강점과 약점도 파악할 수 있었다.

큰 깨달음을 얻는 것은 아니지만 한 번쯤 분석해 볼 가치가 있다. 위의 분석은 전적으로 나의 주관에 의한 것이며 모든 사람에게 일반화하여 적용할 수 없다. 내가 바라는 것은 책을 읽는 분들이 각자 나름의 분석을 해보고 교사로서 스스로에 대해 고민하며 찾는 것이다. (도

전하십시오! 어렵지 않습니다. 당신은 할 수 있습니다. – 애니어그램 8번 日)

어떤 성격 유형이 교사에 적합한지 아닌지는 중요하지 않다. 나 같은 독불 장군도 교사를 하고 있고 아이들도 꽤나 나를 좋아한다. 이제 막 교사로서의 1학기를 버텨내며 그만두지 않고 있다면, 고민하며 1년을 넘겼다면, 어떻게, 어떻게 하다 보니 5년 10년을 넘겼다면 어떤 성격 유형이든 교사로서 충분하다.

늘 그래왔듯 우리는 어떻게든 적응하며 교사로 살아갈 테니.

2. 학생을 대할 때 나는 어떤 감정인가?

선생님은 경찰인가

코로나19로 민감한 요즘, 학급 내에서 누군가 확진자와 밀접 접촉을 했거나 자가 격리에 들어가게 되면 전화통에 불이 난다. 쉬는 시간에 학생은 쉬어도 선생님은 신체 접촉 금지를 계속 강조하고 과한 신체 접촉을 하는 친구는 제자리로 가도록 지도한다. 급식 시간에는 기린처럼 목을 빼고서 계속 둘러본다. 마스크를 벗고 식사하는 중에 얼굴을 마주 보고 이야기를 나누는지 보기 위해서다. 유리창이 깨지고 화장실 방충망이 3층에서 1층으로 떨어진 사건의 용의자와 목격자를 찾아서 수사망을 좁혀간다. 마침내 아이들의 증언과 목격으로 용의자를 찾아낸다. 전혀 생각지 못했던 아이들이다. 경위서를 쓰고 다시는 위험하게 행동하지 않겠다는 다짐을 받는다.

'크는 아이들이 다 그렇게 노는 거지'라는 말은 옛말이 되었다. 지나가는 친구의 발을 걸어도 학교폭력이 되는 세상이다. 교사는 이런 일들이 발생하지 않도록 수시로 레이더망을 돌려야 한다. 학생들은 왜 나만 지적하느냐고 볼 메는 소리를 한다. '나도 너한테 그런 말하기 싫어'라는 말이 목구멍까지 올라온다. 안 그래도 소진되는 에너지를 이런 일로 소모하고 싶지 않다. 또한 믿었던 아이가 사건의 숨은 용의자로 드러날 때 아이들에 대한 믿음이 산산조각이 난다. 좋은 관계를 서로 맺고 또 맺어주고 싶었던 교사의 노력이 헛되이 느껴지고 아이들을 위해 무언가 열심히 해 보려 했던 의욕은 연기처럼 사라진다.

선생님은 판사인가

"선생님, 저는 아무 짓도 안 했는데 쟤가 저를 때렸어요. 엉엉……."

"그래? 그렇다면 벌로 반성문 3장과 교실 청소 3일을 명하노라. 땅! 땅!땅!"

아이들은 갈등이 생길 때 어떤 마음으로 선생님에게 올까? 억울하다는 마음? 나를 해한 아이를 응징해 달라는 마음? 나를 이해하고 위로해 달라는 마음?

갈등이 생겼을 때는 상대방의 의도부터 꼭 확인 먼저 하라고 칠판에 대문짝만하게 써 놓고, 학기초 적응 활동 시간에도 연습하고 역할극도 해 보고 할 거 다 했는데 일단 갈등이 생기면 비난과 주먹질이 난무한다.

자율적 갈등 해결 방법으로 '행감바 인사약'을 익혔다. 나를 불편하게 한 행동과 그때의 감정, 바라는 마음을 이야기하면 상대방이 이를 인정하고 사과하고 약속하기로 학급 규칙을 삼았다. 그러나 사건이 발생하면 선생님부터 찾는다.

선생님을 찾아도 어차피 당사자끼리 이야기하게 하는데 선생님을 먼저 찾는다. 선생님은 공정하다고 생각해서일까. 아니면 권위자, 권력자라고 생각해서일까.

선생님은 어떤 학생이든 다 예쁘고 다 아픈 손가락인데 누구를 다그치고 누구를 혼내겠는가. 그러나 아이들은 선생님이 정의의 여신처럼 공정하게 판결해주기를 바란다. 단, 자신에게 공정하게. 그래서 선생님의 저울은 늘 무겁고 힘들다.

선생님은 상담가인가

4명 모둠에 3명은 남학생, 1명은 여학생이 같은 조가 되었다. 모둠 활동을 할 때마다 남학생들이 장난을 치고 웃고 떠든다. 무엇이든 진지하고 열심이며 과제는 꼭 완수하는 여학생은 모둠 활동할 때마다 과제가 잘 되지 않을까 봐 불안하다. 모둠 활동에 집중해 달라고 장난하지 말라고 아무리 얘기해도 듣지를 않는다. 마침내 여학생이 울음을 터뜨린다.

여유 시간이 없으므로 역시 방과 후에 남아 이야기를 하기로 했다. 방과 후에 남으라고 하면 꼭 이런 말이 들려온다. "선생님, 저 바쁜데요." "저 학원가야 하는데요." 이 말은 언제나 루틴이다. "나도 좀 이따 회의 있고 오늘까지 내는 공문도 있어. 나도 시간을 내는 거란다."

상담하다 보면 한 시간에 가깝게 할 때도 있다. 각 부에서 기한 내에 해 달라고 했던 파일들과 내일 수업 준비를 하다 보면 퇴근 시간은 벌써 넘어있다.

예전에 집집마다 걸려있던 액자가 있다. 액자 속에는 흰색 옷을 입은 어린아이가 두 손을 모으고 무릎을 꿇고 앉아 간절히 기도하는데 기도 제목이 이러하다. '오늘도 무사히' 오늘도 무사하길 바라지만 무리 속에서는 갈등이 끊이지 않고 선생님은 여전히 상담실로 향한다.

선생님은 도인道人인가

영어 시간에 차시별 단어 쓰기와 암기가 필요한 부분을 매시간 활동지를 작성해서 프린트한 후 학생들에게 나누어 주었다. 매번 잘하던 학생이 갑자기 물었다.

"선생님, 이거 왜 하는 거예요?"

"어? 교과서에 나오는 단어랑 문장들 배우려고 그러지."

"나 이거 다 알아요. 영어 시간에 무슨 프린트가 그렇게 많아요? 나 영어만 하려고 학교 오는 거 아니에요."

말문이 막히는 선생님.

"선생님, 활동지를 조금 줄여 주시면 안 될까요? 복습을 위해서 정성스럽게 준비하시는 것은 고맙습니다만 다른 활동을 더 하고 싶습니다." 이렇게까지 정중하고도 고급스러운 단어는 아니더라도 다르게 표현할 수도 있었을 텐데 선생님은 그간의 노력을 무시당한 것 같고 학생이 예의 없이 함부로 말한 것 같아 마음속은 이미 화산이 폭발해버렸다.

"학교 오기 싫어요. 근데 엄마가 가래서 오는 거예요. 의무교육이잖아요." 매일같이 이렇게 말하는 학생이 있다. 수업 시간마다 시계만 쳐다보다가 40분이 되는 순간 "수업 끝났다!"라고 친절하게(?) 외쳐준다. 물론 교사가 수업 진행을 마쳤거나 안 마쳤거나는 아무 상관이 없다. 수행 평가지를 꽂을 종이 파일에 제목이랑 이름을 프린트하여 라벨지를 하나하나 붙여서 나누어 주면 얼린 생수통을 함께 두어 젖은 부분은 찢어버리고 남은 부분은 부채가 되어있다. 안 그래도 학기 말이라 정신없이 바쁜 통에 하나하나 오리고 붙여서 준 파일이다.

"몇 시간이고 수업을 듣는다는 게 참 힘든 일인데, 그래도 매일 학교에 등교하니 선생님은 무척 고맙게 생각해. 하지만 이렇게 선생님이 정성스레 준비해 준 것을, 부모님께 전달해야 하는 것도 전달하지 않은 채로 이렇게 찢어놓으면 선생님은 상심이 커. 마치 음식을 열심히 만들어서 줬는데 먹지도 않고 쓰레기통에 버려진 음식을 보는 것 같은 느낌이야. 선생님이 주는 활동지나 파일 같은 것들은 모두 선생님이 열심히 준비하거나 너희들에게 의미 또는 필요가 있는 것들이야. 찢어지거나 구겨지지 않게 잘 보관해 주었으면 좋겠어."

마음속 화를 누르고 '표정 관리', '감정조절'이라는 버튼을 누른다. 누가 그랬던가. 내가 웃는 게 웃는 게 아니라고. 누가 그랬던가. 선생님이란 도를 닦는 사람이라고. 도를 닦다가 마음이 다 닳아 없어질까 봐 걱정이다.

3. 교사와 안 맞는 학생, 어떻게 대하고 있는가?

나와 다른 유형의 학생들, 교사로서 나의 전략은 무엇인가

가르침과 배움의 관계

교사와 학생은 가르침과 배움의 관계이다. 교사가 가르칠 때 아이들이 교사의 말을 잘 듣고 잘 따라주면 좋으련만 아이들은 기분 내키는 대로 다른 사람의 입장은 고려하지 않고 행동한다. 수업 시간에 엉뚱한 질문을 한다거나 복도에서 뛴다거나 계단을 3~4개씩 점프하며 달려가는 행동을 서슴없이 하는 아이들을 바라볼 때면 교사는 마음이 조마조마하다. 교사는 아이들이 다치지 않고 예쁘고 안전하며 행복하게 학교생활을 해 주길 바라지만 아이들은 널뛰기하듯 하루에도 몇 번씩 선생님 마음을 들었다 놨다 한다. 나와 다른 기질을 가지고 있는 아이에게 교사는 어떤 도움을 줄 수 있을까?

상대방의 행동이 답답할 때 우리는 심리테스트를 통하여 상대방을 이해하기도 한다. MBTI 검사를 해 보면 16가지 유형이 나오는데, 그중에 어떤 유형이 교직에 적합한 유형일까? 검사 결과를 맹신할 수는 없지만 대체로 교직에 계신 선생님들은 ISTJ 유형이 많다. 세상의 소금형이라고 하는 ISTJ 유형은 매사에 신중하고 책임감이 강하며 위기 상황이 발생하더라도 충동적으로 일을 처리하기보다는 논리적이고 일관적으로 업무를 처리하며 안정을 추구하는 경향을 보이며 변화에 스트레스를 많이 받는다. 그러나 교실에 있는 우리 아이들은 충동적이고 정리가 안 되며 숙제도 안 해오고 장난을 치며 말썽꾸러기가 많다. 이 아이들과 일 년 동안 잘 지내야 할 텐데 담임 선생님은 그런 아이들이 도통 이해가 되지 않는다.

교사인 나와 다른 아이, 나와 맞지 않은 아이와 평화롭게 1년을 보낼 방법을 아이의 MBTI 이해에서 출발해 본다. 교사는 '아~ 그래서 아이가 그런 행동을 보였구나!' 하고 아이들의 다양한 심리를 파악하여 가르침에 적용하고, 아이들의 자존감을 키워주는 데 도움을 줄 수 있을 것이다.

에너지의 방향 : 외향성 — 내향성

외향적인 사람들은 폭넓은 대인관계를 유지하고 정열적이며 활동적이다. 에너지의 방향이 내부로 향하는 사람은 내향성의 범주에 속한다. 깊이 있는 대인관계를 유지하고 조용하고 신중하며 이해한 다음에 결정을 내린다. 외향인가 내향인가를 생각할 때 가장 쉽게 판단할 수 있는 질문이 에너지 충전을 어떻게 하는가이다. 다른 사람과 교류를 통해 에너지를 소모하면서 에너지가 충전된다면 외향성에, 혼자만의 시간을 가지면서 비축하기 때문에 에너지가 충전된다면 내향성에 가깝다고 할 수 있다.

정보수집 : 감각형 — 직관형

어떤 것을 인식할 때, 감각형인 사람은 오감에 의존하며 실제 경험을 중시한다. 지금, 현재에 초점을 맞추고 정확하고 철저하게 일 처리를 한다. 직관형인 사람은 육감이나 영감에 의존하고 미래지향적이다. 가능성과 의미를 추구하며 신속하고 비약적으로 일 처리를 한다. 감각과 직관을 구분하는 가장 쉬운 기준은 사건이나 물건을 인식하고 묘사할 때, 감각형은 실제 모양과 정보를 중요시하고, 직관형은 의미, 관계 가능성을 본다. 예를 들어 사과를 설명할 때 감각형은 빨갛고 둥근 과일이라고 설명하겠고, 직관형은 백설 공주에 나오는 과일이나 애플 회사의 로고를 떠올릴 수 있다. 직관형인 교사가 감각형인 아이들을 대할 때 정말 힘들다. 계속 소리 지르고 방방 뛰고 학습에 참여도 하지 않는 아이라면 선생님은 이 아이에게 어떻게 대하는 것이 좋을까? 아이가 좋아하는 것과 감각적인 부분을 인정해 주고 더 큰마음으로 장난을 받아주고 행동 패턴을 살핀 후 아이에게 긍정의 영향을 줄 수 있는 작은 것부터 시작하여 아이가 성취감을 느끼는 경험을 하도록 도와주고 포용력을 갖추어야 한다.

판단과 결정 : 사고형 — 감정형

결정을 할 때 사고형인 사람은 진실과 사실에 관심을 두고 논리적이고 분석적이며 객관적으로 판단한다. 감정형인 사람은 사람 관계에 주관심을 두고 상황적인 설명을 한다. 사고형은 인정에 얽매이기보다 원칙에 따라 판단하며, 정의와 공정성, 무엇이 옳고 그른가에 따라 판단하는 데 반해 감정형은 논리 분석보다는 자기 자신이나 타인에게 어떤 영향을 줄 것인가 하는 점을 더 중시한다.

교실 아이들이 싸움할 때 누가 잘못했는가를 조목조목 따져보는 사람이 사고형이라면 옳고 그름을 따지는 것이 중요하지 않고 상처를 받은 것이 더 중요하다고 생각하여 아이들을 지도한다면 감정형이라고 할 수 있다. 사고형인 교사가 감정형인 아이들을 다룰 때 아이들은 정말 힘들어한다. 선생님이 내 맘도 몰라준다고 삐치거나 감정대로 행동할 수 있는 경향이 많기 때문이다. 사고형인 교사라면 아이들의 마음을 읽어 주자. "□□이야 이렇게 했으니 △△이에게 사과하는 게 맞아.

얼른 사과해……." 그러면 △△은 맞은 게 억울해서 더 크게 울 수도 있다. 학급 내에서 다툼 문제가 발생했을 때 아이들이 감정을 다치지 않도록 감정을 먼저 읽어 주자. 사고형인 교사는 노력해야 한다. 상대방의 감정을 읽어 주고 감정을 풀어주어야 가르침과 배움의 관계가 잘 형성될 수 있다.

생활양식 : 판단형 ― 인식형

평소 생활방식이나 일을 진행할 때 판단형인 사람은 분명한 목적과 방향이 있으며 기한을 엄수하고 철저히 사전계획하고 체계적이다. 인식형인 사람은 목적과 방향은 변화 가능하며 상황에 따라 달라지고 자율적이고 융통성이 있다. 이 두 가지는 평소에 여행 갈 때를 생각하면 이해하기 쉽다. 미리미리 일정을 짜고 꼼꼼하게 그 계획에 따라 움직이는 이들이 판단형이라면, 일단 여행지에 도착해서 융통적으로 일정을 짜고 움직인다면 인식형이라고 생각할 수 있다.

교사는 교재연구부터 수업자료를 준비하기 위해 시간과 노력을 많이 기울인다. 밤새워 만든 PPT나 아이들의 흥미를 끌 만한 사진과 영상을 준비해서 체계적으로 수업에 적용하고 싶은데 아이들이 웃고 떠들고 싸우고 시끄럽게 해서 교사가 준비한 분량의 반도 못했다면 교사는 얼마나 속상할까? 모범적인 아이들은 인식형인 아이들이 쉽게 쉽게 말하고 행동할 때, "야! 너희들 조용히 해! 선생님 설명하시잖아!" 하고 반장이 소리치거나 그러면 조용해지지만 남자 아이들은 "어쩌라고~~" 하며 맞받아치며 싸움을 벌인다면 수업은 꽝이다.

인식형이 강한 아이들은 계획을 세우지 않고 그때그때 닥치는 대로 일을 처리하며 책상 주변을 정리하지 못하고 어지럽힌다. 교사가 이런 정리되지 못한 모습을 이해해주며 스트레스를 받지 않는 유형이라면 상관 없지만, 그렇지 않다면 가방걸이에 교과서와 필통이 가지런하게 정리되어 있어야 하고 바르게 앉아 있지 않은 학생이 단 한 명 뿐이라도 스트레스를 엄청나게 받을 것이다. 아이들이 바뀔 수 없으면 선생님이 바뀌어야 한다. 교실이 조금 더러워도 참고 아이들이 스스로 정리 정돈할 수 있도록 계획을 세워 수행하도록 도와준다면 교사와 학생 모두에게 서로 도움이 되는 전략이 아닐까 한다.

우리는 모두 서로 다르다. 나와 너는 충분히 다를 수 있다는 것이다. 그리고 살아가면서 성격유형이 조금씩 변한다. 외향형이었던 아이들이 성장하면서 내향형으로 바뀌는 것을 많이 보아왔다. 그러니 MBTI 성격의 유형 중 나의 장점은 충분히 살리고 단점은 고치려는 노력이 절대적으로 필요하다.

3부

선생님이 모르는 학생의 마음속 비밀

1. 감정을 폭발시키는 학생의 비밀
과잉 감정을 가진 학생들의 속 이야기

　내 마음속을 내가 잘 알면 얼마나 좋을까? 어른인 우리도 헷갈리고 잘 모르는 경우가 많은데 아직 자라는 학생들이 얼마나 자기감정이나 마음을 알 수 있을까?

　A가 또 친구와 싸웠나 보다. 5학년 교실이 시끌시끌하고 담임선생님이 화가 잔뜩 나서서 꾸중하시는 소리가 들린다. A는 싸움이 잦은 아이였다. 교실에서는 특히 자주 다투는 아이와 자리를 좀 떨어뜨려놓고 서로 되도록이면 거리를 둘 것을 교육하였는데 과학실에서는 그런 정보가 없어 모둠이 된 모양이다. 서로를 눈엣가시로 여기는데 담임선생님도 안 계시니 조그만 일로 서로 욕을 하고 주먹질까지 하게 되었다. 여러 가지 실험도구가 있는 과학실에서 덩치가 있는 고학년이 몸싸움까지 했으니 담임선생님이 큰 소리로 꾸중할 만하시다.

　A는 저학년 때는 눈에 띄지 않았는데 고학년이 되면서 갑자기 거친 아이로 등장한 사례다. 남학생들 사이에서는 '욕 잘하고, 잘 때리고, 게임중독이고, 공부 안하는 애'이고, 여학생들 사이에서 '욕 잘하고, 공부 안하고, 말이 많고, 여자애들 비난하고 약 올리는 찌질한 아이'다. 선생님에게는 '거칠고 공부 안하고 준비물 잘 안 챙겨오는 말 안 듣고 힘든 아이'다. 늘 욕을 달고 살고, 남을 비난하며 핑계를 자주 대고 학교 규칙을 자주 어긴다. 아픈 사람만 타는 엘리베이터를 수시로 타

고, 규칙을 지키라는 또래도우미에게 욕을 날리기가 다반사이다. 교사
가 보고 있어도 친구에게 거친 욕을 스스럼없이 한다.

A의 때와 장소를 가리지 않는 이러한 거칠고 충동적인 감정 표현은
어디서 기인한 것일까? A와 이야기를 나눠보니, 부모님은 맞벌이로 바
쁘셔서 귀가 시간이 늦으셨다. 그래서 방과 후 수업이나 학원에 다니
다가 저녁 때 집에 들어가는 경우가 많았다. 형이 있는데 부모님이 늦
으시다 보니 둘 다 학원도 자주 빼먹고 게임에 과몰입되어 있었다. 부
모님이 늘 바쁘고 일에 치이시다 보니 자녀들을 세심하게 돌보기 어려
우셨고, 이제는 관심을 기울여도 잔소리로 듣고 갈등만 심해지고 있었
다. 습관이 되지 않아 마음을 알아주고 이해하기보다는 잔소리로 표
현이 되었고, 사춘기 자녀의 정서와 변화에 대한 이해도 없으신 상태
였다. 일단 A의 충동적이고 거친 행동들과 관련된 감정에 대해 탐색을
시작했다.

"과학실에서 싸운 건 걔가 먼저 나를 놀리고 무시해서요. 욕만 하고
공부도 못한다고 해서요."

"A는 무시하고 놀리는 말을 엄청 싫어하고 속상해 하는구나."

"집에서도 형이 놀리고 무시하는데 엄마도 내 편을 안 들고 형 말 들
으라고 하고, 나만 혼내요. 내 편은 아무도 없어요. 학교에서도 혼나기
만 하고."

"A가 편들어 주는 사람도 없고 많이 외로웠겠구나."

마음이 멍해지는지 아무 대꾸가 없다. 충동적 행동의 결과에 대한
감정을 탐색하도록 도왔다. 속상하고 짜증나고 나는 왜 맨날 문제만
일으키지? 하는 실망감이 있다고 한다. A는 형에 대한 미움과 적대감,
엄마에 대한 서운함과 원망이 있으며, 관심 받고 사랑받고 싶은 마음
이 오랫동안 채워지지 않은 것 같았다. 늘 혼나고 싸움꾼인 자신에 대

한 실망감 같은 것이 오히려 A를 거친 싸움꾼으로 만들지 않았을까?

"A야, 그럼 친구랑 싸우고 욕을 하고, 친구들을 놀리니까 기분이 어땠어?"

"더 욕먹고, 선생님한테 혼나고, 집에서는 엄마 아빠한테 혼나니까 더 기분이 안 좋았어요."

먼저 충동적 과잉행동으로 인한 부정적 결과에 대해서도 충분히 이야기를 나누었다. 그 이후에 어떤 행동을 먼저 고치고 싶은지 어떻게 하면 고칠 수 있을지 이야기해 보았다. 이 과정에서 부모님을 학교에 방문하시도록 요청하여 A가 현재 보이고 있는 문제 행동을 정확히 알려 드리고 행동과 관련된 감정과 지금 변화하고 싶은 마음도 안내하여 부모로서 도와줄 수 있는 부분에 대해 도움을 요청했다.

그 후 A는 어느 정도 변화가 있었다. 욕도 줄었고, 싸우거나 거친 행동도 줄었다. 말이 많고 빈정대는 태도는 여전했는데 아마도 기질이나 사춘기의 특성인 것 같았다. 부모님은 바빠도 한 분이라도 퇴근시간 전에 오려고 노력하셨고, 형의 편만 드는 것이 아니라 적절히 균형을 유지하려 하셨고, 무엇보다 아이가 오랫동안 안정적 정서적 지지를 받지 못했던 것을 수용하시고 가족상담도 받으면서 변화를 위해 노력하셨다.

〈 상담과정 요약 〉

내용	결과
공감과 반영	놀리는 말에 속상하구나 많이 외로웠겠네
자신의 행동에 대한 감정 탐색	욕먹어서 더 기분이 안 좋았어요
행동에 대한 원인 탐색	엄마에 대한 원망과 서운함 형에 대한 미움 사랑받고 싶은 욕구
고치고 싶은 행동 정하기	학교에서 욕하지 않고 싸우지 않기 　- 쉬운 걸로 구체적으로 한 달 동안 약속을 지키면 보상 있음 　- 몇 번까지는 허용 등 아이가 지킬 수 있는 　　선에서 합의해서 정함
부모 상담	학교에서 보이는 문제행동을 정확히 알려드리기 사춘기 자녀들의 특성과 양육태도 조언하기
결과	욕과 싸움이 줄어듦 부모님 중 한 분은 일찍 오심 가족상담 받으심

2. 감정 표현이 너무 소극적인 학생의 비밀

감정(정서)표현은 정서를 밖으로 표출하는 것으로 표현의 내용이 긍정적이거나 부정적인 것에 상관이 없으며, 표현방식 또한 얼굴 표정, 음성표현, 제스처에 의한 표현 등 다양할 수 있다고 한다. 자신이 느끼는 기분, 정서 및 감정이 어떤 것인지를 명확히 알고, 자신의 느낌을 자신의 내면과 상황적 요구에 맞도록 적절히 표현하는 것은 개인의 생활을 심리적으로나 신체적으로 건강하게 하는 데 크게 기여한다.

B는 큰 어려움이 없어 보이는 아이였다. 저학년 때부터 선생님들이 볼 때 크게 걱정할 일이 없는 모범생이고 학교생활도 잘 하는 아이였다.

아이들이 모두 돌아간 오후에 방과 후 수업을 마쳤는지 B가 빼꼼히 문을 열고 들어왔다. 해가 뉘엿 내려가던 참이었던 것 같다. 어서 오라고 환영을 하자 손가락으로 이곳저곳을 만지며 배회하다가 곁에 와서는 "선생님 너무 외로워요. 엄마가 오기 전에 쌀을 씻고 있고 밥을 하다 보면 너무 외롭고 힘들어요." 동그란 눈에 눈물이 벌써 글썽글썽하다. 그걸 보는 내 마음도 많이 아리다. 이게 무슨 말일까? 이제 겨우 9살인데, 밥을 하고 있다니. 아이에게 자세히 물어보았다.

"엄마가 하라고 하는 건 아니에요. 엄마가 오기 전에 하고 칭찬 받고 싶어서요. 전기에 하는 거라 위험하지는 않아요. 동생도 말을 잘 안 듣고 너무 힘들어요." 동생이 겨우 7살이니 누나 말을 잘 들을 리가 없다.

아이가 안쓰러운 만큼 부모에 대한 화가 솟구쳤다.

B의 부모님은 맞벌이로 B는 수업을 마치면 방과 후 프로그램을 하다가 유치원 마치는 시간에 유치원에 가서 동생을 데리고 다시 사설 학원으로 갔다가 엄마가 집에 오시는 시간에 맞춰 집에 들어간다고 했다. 엄마가 늦으실 때는 쌀을 꺼내서 씻고 밥을 안치곤 했다. 동생을 돌보고 밥도 해내는 9살 아이는 어떤 생각과 감정이었을까? 부모님은 아이의 고단함을 잘 알아주셨을까? 교실에서는 선생님 말씀을 잘 듣고, 공부도 곧잘 하고 숙제도 꼼꼼히 잘 챙겨오는 야무진 아이였다. 한마디로 모범생이고 차분하고 보살펴주는 태도에 남자아이들이 은근히 좋아하곤 했다.

그런 B가 고학년이 되자 선생님들이 걱정 어린 말씀들을 하셨다. SNS에서 욕을 하고 아이들을 이간질하며, 교실에서도 주동자가 되어 은근히 아이들을 따돌린다는 것이다. 공부는 여전히 잘하고 선생님이 내시는 과제는 잘 해내지만 관계면에서 여러 아이들의 관계를 깨고 독설을 뿜어내는 아이가 되어 있었던 것이다. 결국 학교폭력의 가해자로 연루되어 부모님도 학교에 방문하시게 되었다. 차분하고 공부 잘하고 모범생처럼 보이는 뒷면에 있던 독설과 모든 아이들을 향한 공격적인 태도들은 어디서부터 시작이 된 걸까?

B에게 기질검사를 해 본다면 아마도 차분하고 침착하며 인내심도 있는 기질을 가진 아이라고 결과가 나왔을 것 같다. 맞벌이인 부모님은 의젓하고 차분하고 자기 일을 잘하는 B를 믿고 동생을 맡기면서 어느 정도 부모 역할도 원하신 것 같다. 낮에는 아직 초등 저학년인 아이에게 부모 역할을 맡기고, 밤에는 일상에 지친 부모님이 감정이나 욕구표현이 미숙한 B에게 세심한 관심과 칭찬보다 당연히 하는 것처럼 여기셨다. 엄마 아빠가 칭찬을 안 해 준다고 B가 호소한 것으로 보아

B는 부모에게 더 잘 보이고 칭찬 받기 위해 쌀을 씻고 밥까지 했을 것이다. 사랑과 관심을 받고 싶었던 B의 마음이 제대로 채워지지 못한 채 고학년이 되면서 자기 힘이 생기니까 자기보다 약한 아이들을 휘두르며 사이를 갈라놓고 무시하고 비난하며 자기 힘을 보여주려고 한 것 같다.

B는 "엄마, 혼자서 힘들어요. 매일 동생 데리러 가는 것도 싫어요. 힘들어요. 힘드니까 안아 주세요."라고 말하지 못했다. 고학년이 된 B는 좀 당당해졌다. 아니 당당해졌다기보다는 그전에 소심하여 자기감정이나 욕구표현을 하지 못하다가 이제는 아무것도 개의치 않는 뻔뻔한 모습이 된 것이다. "왜요? 내가 하고 싶은 대로 하는 건데 왜 그래요? 이제 내 마음대로 할 거에요!" 하고 온 몸으로 소리치는 B의 어린 마음을 보는 것 같다.

다음 페이지의 표는 B의 부모님처럼 자녀의 욕구와 감정에 귀 기울지 못하는 학부모 상담시 교사로서 해줄 수 있는 상담 팁이다.

〈 B의 사례로 본 상담 팁 〉

아이랑 대화하기 팁	부모님께 드리는 상담 팁
하나, 아이의 행동을 관찰해야 합니다.	동생을 돌보고 저녁에 왔을 때 행동이나 아이의 힘든 점을 관찰하거나 물어봐주세요.
둘, 아이에게 직접 기분을 묻습니다.	지금 기분이 어때? 오늘은 마음이 어때? 힘들거나 도와줄 거 있을까?
셋, 아이가 느끼는 욕구와 감정을 확실히 알 수 있게 합니다.	지금 힘든데 표현도 못하고 있었구나. 엄마 도와주려고 밥을 했어?
넷, 아이의 말을 잘 들어줍니다.	힘들다고 표현을 못하고 참고 있었구나.
다섯, 자신의 감정에 자신감을 가지도록 도와야 합니다.	표현해도 괜찮아. 엄마가 알아주지 못해서 미안하구나.
여섯, 아이와 함께 충분한 이야기를 나눕니다.	이야기하는 시간을 만들자. 엄마랑 둘이서만 하는 데이트 시간이야.
일곱, 타인에 대한 이해 능력을 길러줍니다.	네 마음이 그랬다면 다른 아이 마음은 어떨까?

3. 감정 속에 숨어 있는 학생의 욕구 찾기

감정이 먼저일까? 생각이 먼저일까? 아직도 심리학자들은 결론을 내리지 못하고 있다. 어쨌든 매우 긴밀한 관계임이 분명하다. 여기에 욕구를 추가해서 아이들을 이해해 보자.

감정感情은 어떤 현상이나 일에 대하여 일어나는 마음이나 느끼는 기분이다. 어떤 현상이나 일에 대하여 감정이 일어나는 이유는 그 현상이나 일에 대한 자신만의 욕구가 있기 때문이다. 반장이었던 6학년 남학생 C는 아이들이 말을 안 듣는다고 화가 나서 찾아왔다.

"화가 나고, 짜증나고, 속상하고 나를 왜 뽑았는지 원망스러워요."

C의 화난 감정 밑에 있는 욕구는 무엇이었을까?

"C가 아이들이 네가 말한 대로 안 해서 화가 많이 났구나. 속상하기도 하고 원망스럽기 까지 했던 모양이네. 반장을 왜 하고 싶었을까?(욕구탐색)"

"멋있기도 하고, 우리 반에 봉사하고 싶기도 하고 엄마 아빠가 해보라고 했고, 선생님들이 알아주잖아요."

"아, C는 봉사도 하고 싶고 주변 어른들에게 인정받고 칭찬받고 싶어서 반장을 했었구나. 그런데 아이들이 네 말을 잘 안 따라줘서 반장역할을 잘 못한다고 여겨 칭찬도 못 받으니까 더 속상하겠구나."

화가 났던 마음이 쑥 내려가는 게 보인다. 이처럼 감정에 대한 공감 이후에 충족되지 못한 욕구까지 알아주면 훨씬 더 도움이 된다. 일상에서 대화할 때도 감정이나 욕구를 포함해서 이야기하면 훨씬 더 도움이 된다. 수업 시간에 자꾸 끼어드는 아이로 인해 수업 진행이 어려운 경우의 상담시에 활용할 수 있다.

"네가 수업 시간에 말을 자주 하니까 선생님이 힘들구나. 선생님은 수업을 모두에게 도움이 되게 잘 하고 싶은데(욕구) 네가 조금 말을 줄여주면 어떨까?" 물론 추가로 구체적 계획은 세워야 한다. 다양한 욕구 목록과 이러한 욕구들이 충족되거나 충족되지 않았을 때 느끼는 감정은 아래와 같다.

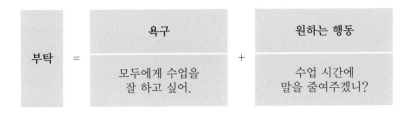

자율성
자신의 꿈, 목표, 가치를 선택할 수 있는 자유, 자신의 꿈, 목표, 가치를 이루기 위한 방법을 선택할 자유

신체적/생존
공기, 음식, 물, 주거, 휴식, 수면, 안전, 따뜻함, 신체적 접촉(스킨 쉽), 성적 표현, 부드러움, 편안함, 돌봄을 받음, 보호받음, 애착형성, 의존(생존과 안전), 자유로운 움직임(이동), 운동

사회적/정서적/상호의존
주는 것, 봉사, 친밀한 관계, 유대, 소통, 연결, 배려, 존중, 상호성, 공감, 이해, 수용, 지지, 협력, 도움, 감사, 인정, 승인, 사랑, 애정, 관심, 호감, 우정, 가까움, 나눔, 소속감, 공동체, 안도, 위안, 신뢰, 확신, 정서적 안전, 자기 보호, 일관성, 안정성, 정직, 진실, 예측가능성

놀이/재미
쾌락, 흥분, 즐거움, 재미, 유머

삶의 의미
기여, 능력, 도전, 명료함, 발견, 회복, 깨달음, 자극, 효능감, 인생예찬(축하, 애도), 기념, 중요성, 참여, 희망, 주관을 가짐(자신만의 견해나 사상)

진실성
진실, 성실성, 존재감, 일치, 개성, 자기존중, 비전, 꿈

아름다움/평화
아름다움, 평탄함, 홀가분함, 여유, 평등, 조화, 질서, 평화, 영적 교감, 영성

자기구현
성취, 배움, 생산, 성장, 창조성, 치유, 숙달, 전문성, 목표, 가르침, 자각, 자기표현

욕구가 충족되었을 때	욕구가 충족되지 않았을 때
감동받은, 뭉클한, 감격스런, 벅찬, 환희에 찬, 황홀한, 충만한 고마운, 감사한 즐거운, 유쾌한, 통쾌한, 흔쾌한, 기쁜, 행복한, 반가운 따뜻한, 감미로운, 포근한, 푸근한, 사랑하는, 정을 느끼는, 친근한, 훈훈한, 정겨운 뿌듯한, 산뜻한, 만족스런, 상쾌한, 흡족한, 개운한, 후련한, 든든한, 흐뭇한, 홀가분한 편안한, 느긋한, 담담한, 친밀한, 친근한, 긴장이 풀리는, 안심이 되는, 차분한, 가벼운 평화로운, 누그러지는, 고요한, 여유로운, 진정되는, 잠잠해진, 평온한, 흥미로운, 매혹된, 재미있는, 끌리는 활기찬, 짜릿한, 신나는, 용기 나는, 기력이 넘치는, 기운이 나는, 당당한, 살아있는, 생기가 도는, 원기가 왕성한, 자신감 있는, 힘이 솟는 흥분된, 두근거리는, 기대에 부푼, 들뜬, 희망에 찬	걱정되는, 까마득한, 암담한, 염려되는, 근심하는, 신경 쓰이는, 뒤숭숭한 무서운, 섬뜩한, 오싹한, 주눅 든, 겁나는, 두려운, 간담이 서늘해지는, 진땀나는 불안한, 조바심 나는, 긴장한, 떨리는, 안절부절못한, 조마조마한, 초조한 불편한, 거북한, 겸연쩍은, 곤혹스러운, 떨떠름한, 언짢은, 괴로운, 난처한, 멋쩍은, 쑥스러운, 답답한, 갑갑한, 서먹한, 숨 막히는, 어색한, 찜찜한 슬픈, 가슴이 찢어지는, 구슬픈, 그리운, 눈물겨운, 목이 메는, 서글픈, 서러운, 쓰라린, 애끓는, 울적한, 참담한, 처참한, 안타까운, 한스러운, 마음이 아픈, 비참한, 처연한 서운한, 김빠진, 애석한, 냉담한, 섭섭한, 야속한, 낙담한 외로운, 고독한, 공허한, 적적한, 허전한, 허탈한, 막막한, 쓸쓸한, 허한 우울한, 무력한, 무기력한, 침울한, 꿀꿀한, 피곤한, 고단한, 노곤한, 따분한, 맥 빠진, 맥 풀린, 지긋지긋한, 귀찮은, 무감각한, 지겨운, 지루한, 지친, 절망스러운, 좌절한, 힘든, 무료한, 성가신, 심심한 혐오스런, 밥맛 떨어지는, 질린, 정떨어지는 혼란스러운, 멍한, 창피한, 놀란, 민망한, 당혹스런, 무안한, 부끄러운 화가 나는, 끓어오르는, 속상한, 약 오르는, 분한, 울화가 치미는, 핏대서는, 격노한, 분개한, 억울한, 치밀어 오르는

– 출처: 한국평화교육훈련원

4. 학생들의 마음을 들여다보는 좋은 방법

학급의 학생들은 나이가 비슷하지만 정서발달이나 인지발달에서는 차이가 날 수 있다. 예를 들어, 같은 1학년이지만 A학생은 정서발달과 인지발달이 1학년 수준인데, B학생은 인지발달은 중학년 수준이지만 정서발달은 유치원 수준으로 미숙할 수 있다. 이렇듯 학생들의 인지발달과 정서발달이 늘 똑같이 비례해서 발달하는 것은 아니다.

학급에서 가장 키가 큰 C는 말끔하고 의젓해 보이는 겉모습과는 달리 입학 둘째 날 옆반 교실에 앉아 있다가 옆반 선생님의 손에 이끌려 오는가 하면 하굣길에 교문 앞에서 엄마를 만나기로 한 약속 장소를 모른다 하여 확인해주었지만 집에 가는 순간까지 모르겠다고 하며, 눈앞에 보이는 교문까지 혼자 가지 못하겠다고 해서 데려다 주어야 했던 학생이다. 그 외에도 매일 배가 아프다고 해서 보건실에 가면 한 두 시간 숙면을 취한다거나 배가 아픈데도 급식 두 그릇을 먹으며 배가 고파서 아픈 것인지, 정말 아파서 아픈 것인지, 심리적 불안에서 기인한 복통인지를 구분할 수 없다. 또한 코로나19 예방을 위해 세워둔 가림막을 공부시간에 또각또각 자르다 까닭을 물으니 '그냥 소리가 듣기 좋아서'라고 답하거나 실내화를 어디에 두고 하교했는지도 모르고, 매시간 책상 서랍 속에 있는 교과서가 없다고 울어서 친구가 대신 찾아주는 등 다양한 미숙한 행동을 보여주었다.

C의 미숙한 행동을 지켜봤던 친구들은 처음에는 C를 무시하는 듯

한 태도를 보였으나 학기가 중반에 이를 즈음에는 C를 있는 그대로 받아들였고 쉬는 시간 놀이 활동이나 공부시간 모둠 또는 짝 활동에 별다른 거부감 없이 잘 어울리고 있었다. C 역시 다른 친구들과 큰 문제 없이 어울리고 학습도 어렵지 않게 따라가고 있었다. 또한 눈에 띄는 점은 C는 선생님을 매우 신뢰하여 잘 따를 뿐 아니라 자신이 선생님을 좋아한다는 표현을 적극적으로 하며 C와 교사, C와 친구 간의 각별한 관계 형성을 주도해 나가고 있는 특별한 점이 있었다.

앞서 말한 것처럼 C는 매일 복통을 호소했다. 병원 진료 결과에 이상이 없는 것으로 보아 정서적인 것이 그 원인일 수도 있을 것으로 보인다. 하지만 여러 미성숙한 행동들 속에서도 안정적인 대인관계를 보여주었다는 점에서 정서적인 것에 오로지 원인을 돌리기는 어려울 듯하다. 그럼에도 불구하고 C의 정서와 여러 미성숙한 행동 사이에 어떤 관련이 있지는 않을까? 우리는 위 사례처럼 학생이 나이에 걸맞지 않게 행동하거나 상황에 맞지 않는 행동을 할 때 불편한 감정을 가지게 된다. 또한 발달의 부조화, 가정환경에 대한 궁금증을 가지게 된다. 이해할 수 없는 학생의 마음을 들여다볼 필요가 여기에 있다. 학생의 마음을 들여다본다는 것은 학생을 이해하는 시작점이고, 이해는 공감을 불러일으키는 동시에 상처받은 학생의 마음을 보듬으며 학생이 적절하게 행동을 조절할 수 있도록 도와줄 훈련의 출발점이 될 수 있기 때문이다.

학생의 마음을 들여다보기 위해서는 다양한 도구를 활용할 수 있다. 교실에서 활용이 용이한 심리검사로는 HTP(House-Tree-Person) 그림검사, 물고기 가족화 그림검사(어항그림검사), 문장완성검사(Sentence Completion Test), LMT(Landscape Montage Technique) 풍경구성법 등이 있다.

HTP 그림검사는 타당도와 신뢰도에 대해 일부 논박이 있어 왔으나, 장점이 많아 널리 사용되고 있는 검사법으로 투사적 그림이라는 상징적 언어를 통해 해석이 가능하다. 연필과 종이만 있으면 간단히 실시할 수 있고 짧은 시간 안에 검사가 가능하며 언어 표현이 어려운 어린 아동이나 수줍거나 억압된 성격의 피검자에게도 적용할 수 있다. 또한 연령, 지능, 그림 솜씨에 제한받지 않는다.

인간의 성격은 발달초기 신체운동과 느낌 및 생각을 통하여 발달되며 투사된 신체 심상은 피검자의 갈등, 불안, 충동 등을 반영하는데, 그림으로 표현된 인물은 바로 자신이며 그려진 종이는 환경을 의미하는 것으로 본다. 이를 바탕으로 투사 그림의 해석은 여러 연구를 통해서 축적된 해석의 단서가 가지는 상징성을 통해 이루어진다(최정윤, 2010).

그림검사를 해석할 때에는 그림에 피검자의 많은 정보가 들어있기는 하지만 그림만 가지고 지나친 해석을 해서는 안 된다. 대상 학생의 기초자료와 면담자료 등을 함께 고려하여야 한다.

물고기 가족화 그림검사는 미술치료에서 널리 활용되는 검사법으로 가족 내에서의 관계성과 가족 간 친밀성의 정도를 파악해 볼 수 있다. 가족 간의 역동을 살펴볼 수 있고, 현재 학생의 문제를 이해하는 데 도움이 된다. 종이에 빈 어항이 그려진 그림을 주고 학생이 마음껏 그려보도록 하는데, '나 물고기'를 포함한 물고기 그림을 그리거나 자신의 가족을 물고기에 빗대어 가족이 무언가를 하고 있는 표현을 하도록 한다. 어항과 물고기라는 매개체가 가족의 정신적 상호작용을 거부감 없이 표현하는 데 도움을 준다.

분석을 할 때에는 물고기 가족의 크기와 위치, 가족 중 생략된 물고기, 그림에 그려진 선 등을 살피고, 상징항목에 따른 상징내용을 분석한다. 또한 과도하거나 약한 필압 등을 통해 태도적 분석이 가능하다. 주의할 점은 그림만 보고 해석하기 보다는 반드시 학생에게 설명을 하도록 하여 갈등과 억압의 상태를 정확히 분석해야 한다.

문장완성검사는 학생이 문장을 완성하는 과정에서 언어반응에 나타난 갈등, 공포, 동기, 태도 등을 분석하는 투사 검사의 일종이다. 문장완성검사는 제작자에 따른 수십 가지 종류의 검사가 있는데, 검사들은 형식과 자극어의 종류와 수가 다르다. 자극어는 개인의 가족관계, 갈등, 감정, 경험, 대인관계, 신체, 사회적 관계, 욕구, 태도에 대한 내용이 포함된다. 문장완성검사는 검사자극이 분명하고 검사자극의 내용을 피검자가 인지할 수 있도록 구성되어 있어서 다른 투사검사들보다 피검자의 심리를 더 잘 반영할 수 있다. 그래서 평소 잘 드러나지 않는 갈등이나 문제에 대한 정보를 파악하기가 좋으며 다른 검사를 통해 나타난 역동적 내용을 파악하는 수단으로도 활용하기 좋다(김춘경, 2016).

LMT 풍경구성법은 열 가지 요소로 풍경을 구성하여 학생의 특징을 파악할 수 있는 미술치료 기법이다.

교실에서는 한 번에 학급 전체 학생들에게 놀이를 하듯이 검사를 진행할 수도 있다는 장점이 있다. 주의할 점은 구성요소를 순차적으로 제시해주어야 하며, 요소의 순차적 제시와 그에 따른 풍경구성이라는 주고받기 자체가 치료적이라는 것을 교사가 이해하는 것이다. 교사와의 상호관계가 형성되지 않은 학생이나 순차적 진행의 개념이 형성되지 못한 학생에게는 그 자체가 의미가 없을 수 있다. 풍경의 개념을 가질 수 있는 6세 이상부터 가능하고, 준비물은 도화지, 두꺼운 싸인펜, 크레파스이다.

검정 싸인펜으로 테두리를 그린 도화지를 제공하여 10가지 요소를 강, 산, 밭, 길, 집, 나무, 사람, 꽃, 동물, 돌 순서대로 불러주고 싸인펜으로 그리도록 한다. 색은 학생이 선택할 수 있으며 필요에 따라 채색하여 마무리할 수 있다.

풍경구성기법에서는 해석기준에 의해 해석을 하되 요소들이 가지는 의미를 상담을 통해 질문하도록 하며, 부정적인 것과 함께 장점도 꼭 다루도록 한다. 어린 학생일지라도 가면(페르소나)을 가지고 있고 환경에 따라 적절하게 가면을 발동할 수 있는 것이 건강한 마음 상태라고 할 수 있다. 이 기법은 가면을 지나치게 쓰는 학생과 또 지나치게 쓰지 않는 학생의 마음을 그림을 통해 들여다보는 목적으로도 활용할 수 있다.

4부

교실 평화의 첫 번째 열쇠
- 관계 -

1. 평화의 시작, 관계 이해하기

새 학기가 시작되면 학부모는 우리 아이가 새로운 친구를 잘 사귈 수 있을까? 학교생활에 적응은 잘할까? 하는 걱정을 한다. 또 아이들이 성장할수록 느끼는 감정들이 다양해지는 만큼 상황 속에서 일어나는 모든 일에 대해 아주 민감하게 반응한다. 아이들은 학년이 올라갈수록 친구와의 관계에서 어려움을 이야기하고, 심할 경우는 불안과 우울, 극단적인 자존감 하락으로 저조한 학업 수행과 잦은 결석의 문제를 일으키기도 한다. 우리 아이들은 각자 서로 다른 기질을 가지고 있고, 이로 인해 또래 관계를 시작하는 방법과 어려움 또한 다양하게 나타난다. 우리 아이들이 좋은 친구 관계를 맺도록 학부모에게 안내할 방법과 교사가 도움 줄 방법에 대해 몇 가지 생각해 보자.

친구에게 다가가기 어려운 소심한 우리 아이

내 아이가 반에서 혼자 지낸다면 친구에게 다가가지 못하는 소심한 성격이라면 아이를 이렇게 도와주자. 내 아이가 친구에게 다가갈 수 있는 방법을 생각해 본다. 소심한 성격의 아이는 여럿보다는 한 명을 사귀기가 쉽다. 내 아이에게 관심을 가지고 친구를 관찰하고, 웃으며 눈을 보고 인사를 하게 한다. 친구의 행동이나 가진 물건들을 칭찬하게도 한다. 가식이 아닌 정직하고 구체적인 칭찬이 좋다. 놀이에 끼고 싶을 때는 관찰하며 잠시 중단되길 기다렸다가 참여해도 되는지 물어보게 한다. 끼워주지 않으면 실망하지 말고 "그래, 다음에 놀자." 하고 부드러운 표정으로 말하고, 아이와 함께 그 현장을 떠나도 좋다. 부모는 이런 상황에 속상해하지 말자. 조심스러운 기질을 가진 아이이므로 조급해하지 않고 반응을 기다려 준다. 또래 관계를 계속 미루는 것보다는 1:1 상황에서 친해질 수 있도록 친구를 초대할 수 있는 상황을 만들어 주는 것도 좋다. 며칠 정도 여유를 두고 초대하고, 주인의 역할(놀이)을 미리 준비시키거나 초대한 친구에게 놀이 등 선택권을 주는 상황을 만들어 보고, 만약 갈등 상황이 생기면 다툼이 커지기 전 조율해 볼 수 있는 상황에서 아이가 어떤 선택을 하는지 지켜봐 주고 만약에 어떻게 할지 모른다면 결과를 생각해 보게 하고 선택에 도움을 줄 수 있도록 한다.

성실하지만 눈치 없는 우리 아이

난 잘못한 게 없는데 친구들이 날 싫어한다는 우리 아이, 어떻게 도와줄 수 있을까? 대화는 두 사람 이상이 '주고받는' 것임을 알려주며 상대가 지루해하는지 살펴보고, 듣고 있지 않으면 말을 멈추는 것이 좋다고 이야기를 해 준다. "네가 말하는 동안 아무도 너를 보지 않거나 질문을 하지 않으면 지금 친구가 지루해하고 있는 거란다." "네가 친구들의 잘못을 지적하거나 선생님께 바로바로 말씀을 드리는 너의 행동이 이해가 간다. 그렇지만 상대방으로서는 너를 고자질쟁이로 여길 수 있지 않겠니? 정말 위험한 상황이었다면 담임선생님께 바로 말씀드려야 하지만, 그렇지 않다면 친구들은 친구를 선생님께 혼나게 만드는 고자질쟁이라고 너를 생각할 수 있어." 바로 말하고 싶을 때 참을 수 있도록 긴 호흡을 한다거나 '쉿' 하는 자세를 연습하게 한다. 현재 아이들에게 인기 있는 장난감이나 화제를 함께 이야기해 보고 가르쳐 주며 관심을 갖도록 유도한다.

쉽게 흥분하고 다툼이 잦은 우리 아이

아이 스스로 흥분될 때 몸의 신호를 알아차리도록 한다. 심장이 두 근거리는지, 위가 뒤틀리는 느낌이나 근육이 긴장되는지, 얼굴이 뜨겁거나 붉어지는지, 만약 그런 상황이 온다면 흥분을 가라앉히기 위하여 그 자리를 뜨거나, 숫자를 세어보거나, 심호흡해 보라고 이야기해 준다. 마음속으로 차분해지는 말이나 편안하고 안전한 장소를 떠올려보며 그 순간을 피하도록 이야기하거나 부모가 옆에서 마음을 가라앉히는 연습을 같이하며 화를 조절하는 모습을 보여준다. 스포츠 정신을 가르치고 결과에 승복하도록 연습하지만 일부러 져주지는 않는다.

가정에서 충분히 심리적인 위로와 지지를 받은 아이가 학교에 왔을 때는 큰 문제가 없다. 그러나 감정의 결핍을 경험했거나 불안하거나 주목을 받고 싶다거나 인정을 받고 싶다거나 아이들의 욕구가 충분히 충족되지 못한 아이는 교실에 와서 이러한 욕구를 충족하고 싶어한다. 이러한 아이들의 욕구를 교실이란 공간에서 해결해 주면 좋겠지만 아이들의 욕구를 모두 수용해 주기에는 어려움이 많다. 그렇다면 **좋은 친구 관계 형성을 위해 교사는 어떤 노력을 해야 할까?**

첫째, 교사는 학생이 학교에 있는 동안 최선을 다해 지도해야 한다. 그 이상은 교사의 능력과 권한 밖이다. 세상에는 교사가 아무리 노력해도 통제할 수 없는 문제 상황이 수없이 일어난다. 교사는 학교 밖의 문제 상황에 대해 자신이 어떻게 할 방법이 없어 발을 동동 구르기도 하고 모든 문제의 책임을 교사가 지려고 하여 번아웃burnout을 경험하는 사례도 있다. 그보다는 지금 자신이 할 수 있는 일을 찾으려 노력하는 편이 훨씬 낫다.

둘째, 학생의 잘못을 용서했다면 더 이상 과거의 잘못을 언급하지 말자. 네가 한 행동은 명백히 잘못이었고 그에 대한 책임으로 벌칙도 충분히 받았어. 그러니 이제는 더 나은 방향으로 나아가자. 어른이 먼저 과거의 잘못을 잊고 더 나은 방향으로 나아가는 모범을 보이는 것이다. 학생의 잘못을 계속해서 물고 늘어지면 용서의 의미는 퇴색되고 만다. 교사가 어제의 잘못을 용서했다면 그 문제에 대해서는 절대 다시 언급해서는 안 된다.

셋째, 매일매일 생기는 크고 작은 감정적 문제에 대해서 감정의 소용돌이에 빠지지 않고 평정심을 유지하자. 우선 학생이 잡담하고, 칭얼대고, 복도를 뛰어다니고, 무례한 행동을 보일 때 침착하고 이성적으로 또 마음속으로 큰 숨을 들여마시며 하나, 둘, 셋 숫자 세기를 한다. 이렇게만 해도 교사는 이성의 끈을 놓지 않고 문제를 해결할 수 있다. 학생에게 칭찬과 재미, 용서는 식물에 주는 물이나 비료와 같다. 대부분 교사는 아이들을 사랑하는 마음으로 교직에 입문한다. 학교에서 갖가지 고되고 힘든 일을 겪다 보면 초심을 잃어버릴 수 있다. 아무리 바쁘고 힘들더라도 아이들과 긍정적인 관계를 형성하는 데 소홀하지 말자.

넷째, 아이들과 좋은 관계를 맺기 위하여 우리 반 친구 관계 조사 프로그램을 활용해 보고 결과를 학급 운영에 적용해 보자. 생일에 초대하고 싶은 친구나 같은 모둠이 되고 싶은 친구를 알아보거나 함께 앉고 싶지 않은 친구와 그 이유에 대해서 구글 문서를 이용하거나 활동지를 이용한다. 설문한 내용에 대해서는 누구에게도 묻지 않고 나 또한 말하지 않을 것을 약속하는 서명을 받는다. 우리 반에서 벌어지고 있는 보이지 않는 문제와 감정선에 대해 담임교사는 파악하게 될 것이다. 이러한 바탕 위에서 교실 수업을 진행한다면 학교가 재미있고 내 이야기를 들어주는 선생님과 다양한 친구들이 있어 좀 더 행복한 삶을 살아갈 수 있을 것이다.

2. 평화적 관계를 위한 첫걸음

눈 마주치기

친구들과 자주 싸우고 교사에게 대들거나 잘못을 인정하지 않는 학생은 친구와 즐겁게 지내고 교사와 좋은 관계를 형성하려는 마음이 없을까? 수업 시간에 모든 자극에 충실하게 몸짓과 소리로 반응하여 수업의 맥을 끊거나 산만하여 차분히 앉아있지 못하거나 학습에 집중하지 못하는 학생은 일부러 수업을 방해하기 위해서 그렇게 하는 것일까?

이러한 행동이 오래되어 교사를 힘들게 하는 학생, 심지어 '친구가 필요 없다.' '잘하고 칭찬 듣는 데 관심 없다.'고 말하는 학생일지라도 좋은 관계를 형성하려는 마음이 없거나 일부러 수업을 방해하기 위해 그러는 것은 아니다. 친구와 다투는 학생도 친구와 즐겁게 놀고 싶고, 교사와 좋은 관계를 형성하고 싶어한다. 산만하여 학습에 방해를 하는 학생도 인정받고 좋은 학습결과를 내고 싶어하고, 잘못을 인정하지 않고 친구들과 늘 다투는 학생도 친구들과 유대감을 쌓고 싶어한다. 지금껏 쌓여온 부정적인 감정들, 예를 들면 무기력감, 좌절감, 분노 등의 감정이 표출된 행동 때문에 학생의 긍정적인 동기가 가려진 것으로 보아야 한다(김혜숙, 황매향, 2012).

긍정적인 동기는 학생 스스로도 인식하지 못하는 경우가 있는데, 학생의 긍정적인 동기를 되살리는 것이 상담자로서 교사의 중요한 과제라고 할 수 있다. 하지만 이것은 단기간에 가능한 것이 아니다. 또한 교사가 그 학생 한 명만 가르치는 것도 아니고 수많은 학생들을 가르치면서 그 학생의 문제행동을 상대해야 하므로 결코 쉬운 일이 아니다. 그러므로 교사와 그 학생이 한 편이 되어 평화적 관계를 형성해서 문제행동을 변화시키는 주체인 학생과 협력해야 한다. 아동과 교사가 협력하며 변화를 위해 함께 노력하기 위해서는 긍정적인 변화를 가져오는 데 꼭 필요한 공감적 이해에서 해답을 찾아야 한다.

공감적 이해란 학생을 정확하게 이해할 뿐만 아니라 아동의 내적 세계와 정서적으로 연결된 것을 학생이 느낄 수 있을 때 가능하다. 교사는 학생에게 정서적으로 연결되고 이해하고 있다는 것을 전달할 수 있어야 한다. 교사가 학생을 진심으로 생각한다는 신뢰감을 진정성 있게 전달하는 가장 기본적인 비언어적 방법은 학생과 눈을 마주치는 것이다.

대화할 때 상대방의 눈을 바라본다는 것은 경청하고 있다는 무언의 메시지이다. 대화를 할 때 눈을 마주 보는 것, 이것은 기본적인 예의라면 예의이다. 그리고 한 걸음 더 나아가 '내가 너의 이야기에 관심을 가지고 있다'는 신호이자 '나는 너의 말을 존중하고, 너의 의견이나 감정을 수용할 수도 있다'는 뜻을 보내주는 것이다. 눈 마주치기는 다른 사람의 이야기를 선입견, 분석, 판단, 비판 없이 있는 그대로 듣는 경청의 기본 태도이다.

듣기, 말하기는 의사소통의 한 방법으로 일상적으로 이루어진다. 평화적 관계를 위해서는 적극적인 경청이 필요하다. 적극적 경청이란 상대방의 이야기를 있는 그대로 깊이 듣는 것이다. 평소에 그냥 지나치기 쉬운 타인의 말을 새롭고 의미 있게 들을 수 있도록 한다는 데 적극적인 경청의 필요성이 있다.

눈을 마주치며 적극적으로 경청을 할 때 말하는 이는 자신이 듣는 이로부터 존중받고 있다는 느낌을 경험하게 된다. 또 듣는 사람은 말하는 사람을 깊이 이해할 수 있게 되고, 그럼으로써 그 사람을 마음으로 받아들일 수 있게 된다. 관계 맺기에 있어 눈 마주치기의 중요성이 여기에 있는 것이다.

비단 학급의 학생과 학생 사이에서의 관계 맺기에만 눈 마주치기가 중요하게 작용하는 것은 아니다. 학급경영을 하다 보면 학부모로부터 가끔 '우리 아이가 그러는데, 선생님에게 말을 해도 선생님이 들어주지를 않는다'고 하는 하소연을 듣고 사실과 다른 말에 도리어 교사가 서운해지기도 한다. 이 문제를 해결하는 방법은 의외로 간단하다. 학생에게 공부 시간과 쉬는 시간을 명확하게 알려주고, 쉬는 시간에 허용되는 많은 행동 중 선생님에게 하고 싶은 말을 할 수 있다는 메시지를 전하는 것이다. 사실 애써 이러한 메시지를 전달하지 않아도 된다. 학생들 중에는 교사와 관계 맺기를 적극적으로 원하는 학생이 꼭 있는데, 학생이 다가와 말을 할 때 하던 일을 멈추고 그 학생과 눈을 마주치며 경청하면 다른 학생들도 그 행동이 교사에게 얼마든지 받아들여지는 것을 스스로 알아간다.

어떠한 불편한 일에 대해 내가 말을 할 때, 선생님이나 친구가 나의 눈을 마주 보며 들어주는 것을 느끼면 그 학생은 존중받고 있다는 만족감이 든다. 자신의 불편한 일이 해결되지 않더라도 학생은 그 일을 스스로 해결할 수 있는 마음의 에너지를 만족감으로부터 이미 얻었을 것이다. 그 학생이 종일 즐겁고 행복하게 지낼 수 있는 계기가 될 수도 있고, 긍정의 기운이 학급에 넘쳐흐르는 작은 씨앗이 되어줄 수 있을지도 모를 일이다.

이후 6부에서 관계 중심 교실 상담의 핵심에서 다루겠지만 눈 마주치기는 평화적 관계를 위한 첫걸음으로, 교실에서 교사와 학생 간의 관계를 벗어나 학생과 학생 사이에서 다양하게 펼쳐지는 갈등을 해결하는 데 중요한 역할을 한다. 갈등을 해소하는 데에는 대화가 필요하다. 마주 보지 않는다면 진정한 대화가 이루어질 수 없기 때문이다. 마주 선 상태에서 상대와 눈을 마주치며 말하고 들어주는 것이야말로 관계의 시작이며, 갈등 해결의 실마리이다.

경청은 마술이다. 그것은 한 사람을 막연히 위협적인 저 밖의 실체에서 친밀한 경험으로, 이윽고 친구로 바꿔놓는다. 이렇듯 경청은 듣는 사람을 부드럽게 변화시킨다.

—노먼 피셔

3. 효과적인 관계 맺기에서 규칙의 중요성

교실에서 규칙이 중요하다는 것은 교사라면 누구나 알고 있다. 학급 경영의 대가라고 불리는 분들의 연수에는 어김없이 어떤 형태로든 그 교실만의 규칙이 등장한다. 그 영향으로 나의 첫 교실부터 지금의 교실까지 규칙이 없던 적이 없었다. 규칙의 중요성에 대한 지식적 설명은 다른 유명한 선생님들의 책과 강의에서 더 정확하게 들을 수 있으니, 나는 내 조촐한 경험을 가지고 '관계를 맺는 데 있어 규칙이 왜 중요한지' 의견을 나누려 한다.

규칙으로 나를 설명하고 관계를 시작할 수 있기 때문에

학년이 시작되는 첫 날 나는 내 소개에 이어 내가 중요하게 생각하는 것들을 '있어요', '없어요', '지켜요'를 통해 말하고, 필수 규칙 세 가지를 '지켜요'에서 소개한다. 이것으로 아이들과 나와의 관계가 시작된다. 이 세 가지 규칙을 통해 학생들은 내가 어떤 사람인지 알고 나와의 관계를 시작하고 유지하려면 어떻게 해야 하는지 힌트를 얻을 수 있다. 그리고 '내가 1년을 함께 할 선생님은 어떤 사람이지.' 하는 두렵고 불안했던 마음이 풀어진다. 교사가 먼저 아이들이 활동할 수 있는 큰 테두리를 제시했을 때 대부분의 아이들은 안정감을 느낀다. 조금 뒤 있을 함께 만들 규칙을 위한 자신들의 의견을 생각할 때 교사의 큰 규칙 3가지를 참고할 수 있어 부담감이 적어진다는 장점이 있지만 학생들이 과도하게 교사의 규칙에만 매몰되는 경향이 생길 수도 있다. 따라서 큰 테두리 규칙을 정할 땐 넓은 범위의 규칙으로, 가능한 3가지 이내로 정하는 것이 좋다.

규칙을 함께 만들며 관계를 위한 안전한 공간을 꿈꿀 수 있기 때문에

교사가 제시한 큰 규칙 속에서 아이들과 좀 더 상세한 규칙을 만든다. 이 과정을 통해 아이들은 이 교실이 내가 마음을 열고 누군가에게 다가가도 다치지 않을, 내가 싫어하는 것들로부터 보호받을 수 있는 공간이 될 수 있겠다는 기대를 갖게 된다. 또 서로의 생각을 나누며 함께 생활할 친구들이 어떤 유형의 사람인지, 나랑 맞을지 맞지 않을지 파악할 수 있는 기회도 갖게 된다. 아이들의 생각과 발표하는 모습을 보며 교사도 아이들과 관계를 어떻게 시작할지에 대한 어느 정도의 정보를 얻을 수 있다.

규칙은 관계의 지속을 위한 최소한의 울타리가 되기 때문에

관계를 시작하는 것보다 중요한 것은 그 관계를 유지하는 것이다. 규칙은 나와 네가 교실이라는 공간에서 다치지 않고 안전하게 관계 맺기 위한 말과 행동의 울타리가 된다. 한 아이가 울면서 나에게 온다. "선생님 ○○이가 저한테 기분 나쁜 말 했어요. 사과하라고 했는데 안 해요." 방과 후 두 아이를 앉히고 이야기를 한다. 차분히 두 아이의 이야기를 듣고 서로가 서로를 힘들게 한 부분을 찾도록 한다. 그러면 아이들은 우리 반의 규칙 속에서 자신의 행동을 돌아보고 이야기를 한다. 해결하는 방법도 그 안에서 찾아낸다.

나는 아이들의 이야기를 듣고 규칙만 상기시키고 누가 무엇을 할지는 정하지 않는다. 아이들이 찾아낸다. 문제가 생기는 대부분의 원인과 해결책은 함께 정한 규칙 속에 들어 있다. 학생 간 문제가 생기면 우리가 함께 정한 규칙을 보며 무엇이 지켜지지 않았기 때문에 이런 일이 생겼는지 대화하는 것이 훨씬 쉽다. 반복적으로 규칙을 상기하여 아이들이 이 규칙을 지켰을 때 서로의 관계가 긍정적으로 유지될 수 있음을 실질적으로 느끼고 학습하게 되어 자발적으로 규칙을 지킬 수 있는 단계가 되면 교실에서 문제가 생기지 않게 된다. 하지만 그 단계까지 가는 여정은 참 길고 험하다. 나조차도 그 수준까지는 아이들을 데려가지 못했다. 그럼에도 최소한의 울타리가 있는 교실과 없는 교실의 모습은 다르다고 확신한다.

규칙을 통해 일관성 있는 학급경영을 할 수 있기 때문에

교실에서 생기는 크고 작은 일들에 대해 규칙을 적용하여 설명할 수 있다. 규칙에 어긋나는 행동은 어떤 상황이라도 옳지 않음을 반복적으로 지도한다. 그것이 학교 밖에서 생긴 문제라도 동일하다. 규칙에 벗어난 돌발 상황이 발생하는 것을 허용하지 않아야 규칙을 지키는 사람들이 안심하고 규칙을 지킬 수 있으며 관계를 해치지 않을 수 있다. 상황에 따라 이랬다저랬다 하지 않고 규칙에 따라 일관된 방향으로 교육을 할 수 있으며 이로 인해 아이들도 학부모들도 교사를 신뢰할 수 있게 된다. 학교에도 규칙이 있다. 그 규칙을 모든 학교 구성원이 존중했을 때 모두가 공정하고 일관성 있는 대우를 받을 수 있다. 학부모가 무리한 요구를 할지라도 학교 규칙에 따라 정당하게 거절할 수 있으며, 이로 인해 교사와 학부모가 서로에 대해 지킬 것을 지키는 관계를 유지할 수 있다. 구성원 중 누구 하나라도 규칙에 어긋나는 행동을 하면 관계는 틀어질 수 밖에 없다.

규칙을 통해 안정감을 얻을 수 있기 때문에

　사람은 안정감이 있어야 마음 놓고 관계를 유지할 수 있다. 규칙을 통한 일관된 학급 경영은 교실에 속한 모든 사람들에게 안정감을 준다. 아이들은 내가 규칙을 지키기만 하면 나에게 아무 일도 생기지 않을 것이라는 믿음이 있어야 다른 활동에 집중할 수 있다. 반에 가끔 돌발행동을 하는 아이가 있었다. 그 아이의 돌발적인 공격 행동은 우리들이 함께 정한 규칙에 어긋나는 행동이었고 처음 그 행동을 접한 다른 아이들은 불안해했다. 수업을 이어나갈 수 없었다. 그때마다 나는 우리가 함께 정한 규칙을 그 아이가 지킬 수 있도록 지도했다. 그럼에도 그 아이의 돌발 행동은 그치지 않았다. 하지만 우리 반 아이들이 달라졌다. 불안해하지 않고 수업에 집중했다. 선생님이 규칙대로 그 아이를 대할 것을 알기 때문에, 그리고 그 규칙이 자신들을 지켜줄 수 있음을 알기 때문에.

　규칙은 고리타분한 것, 답답한 것이 아니다. 한쪽에서 일방적으로 정한 규칙이라면 상대 쪽에서 그렇게 느낄 수 있다. 하지만 함께 동의한, 함께 만든 규칙은 그 안에 속한 모두를 지켜줄 수 있다.

4. 좋은 관계를 유지하는 방법

교사와 학생이 좋은 관계를 유지하기 위해서는 가장 필요한 것이 무엇일까? 우리는 학생들에게 어떻게 하면 되는 걸까?

우리도 존중받고 싶어요

학생들이 가장 좋아하는 체육시간. 반 학생들은 기분 좋게 체육수업을 간다. 그리고선 기분이 상해서 온다. 학생들이 가장 좋아하는 체육시간조차 기분 나쁜 시간으로 바꾸는 방법(?)은 무엇일까? 궁금한 마음에 학생들에게 묻는다.

"왜 이렇게 기분이 상했니? 체육시간에 무슨 일이 있었니?"

"체육 선생님이 우리들 말을 들어 주지 않아요."

이처럼 학생들의 기분을 상하게 하는 방법(?)은 이야기를 듣지 않는 것이다. 반대로 학생과 좋은 관계를 유지하기 위해선 그들의 이야기를 들으면 된다. 이야기를 들어주는 것, 누구나 알지만 실천하기 어렵다. 우린 보통 20명이 넘는 학생들의 이야기를 들어줘야 한다. 학생들의 일상생활에 대한 모든 것을 들어주지 못하더라도 학교생활 내에서의 이야기는 경청하도록 노력해 보자. 예를 들어 체육시간에 하고 싶은 운동, 미술시간에 하고 싶은 활동 등 학생들의 의견을 들어 보자. 한 달에 한 번 실제로 학생들이 말한 의견을 반영하여 수업을 진행한다면 학생들은 선생님이 우리들을 존중해 준다는 느낌을 받을 것이다.

아침은 먹었니

학생과 교사의 사제지간 관계도 중요하지만 인간 대 인간으로의 관계가 학생들과 좋은 관계를 유지하기에는 더 효과적이다. 학생들을 하나의 인격체로 존중해 주는 느낌을 주어야 한다. 말투, 눈빛, 표정, 행동 등을 통해 학생 개인에게 관심을 주고 있다는 인상을 남길 필요가 있다. '오늘 아침은 반찬이 뭐였니?' '주말에는 뭐하고 지냈니?' '어제 학교 끝나고는 집에서 뭐하고 지냈니?' 등 사소한 질문들이 그 시작이 될 수 있다. 학생들은 교사의 사소한 질문을 통해 자신에게 얼마나 관심을 가지고 있는지 느끼게 된다.

말하기 힘들면 따봉을

학생들은 칭찬을 먹고 자란다. 물론 무조건적인 칭찬은 옳지 않지만, 학생에게 칭찬은 동기부여 수단이 되기에 충분하다. 칭찬을 해주고 싶으나 칭찬에 인색하여 하기 힘들어하는 교사 혹은 칭찬할 상황이 아닌데 칭찬을 해주면 좋을 것 같은 상황에 곤란해하는 교사들이 있을 것이다. 앞의 두 상황에서 교사는 칭찬이 입에서 맴돈다. 밖으로 나오질 못한다. 이럴 땐 엄지손가락만 치켜올려 보여주자. 또는 눈을 동그랗게 떠서 놀랐다는 표정을 지어주자. 말로 하는 것만 칭찬이 아니다. 학생들은 교사의 사소한 말투, 행동, 표정 등에도 아주 관심이 많다. 이런 교사가 자신에게 엄지손가락을 치켜올려 준다면 그 학생은 말로 받는 칭찬에 버금가는 기분을 느낄 것이다. 말하기 힘들면 따봉을 날려주자.

말 바꾸기 있기? 없기?

교직생활을 하다 보면 학생들의 요구사항이 쏟아질 때가 있다. 우린

학생들의 요구 사항이 타당하다 판단되면 받아들이고, 그것을 교육과
정 재구성을 통하여 교과에 녹여 진행하게 된다. 이렇게 하면 교사와
학생의 만족도가 높아지게 된다. 하지만 반대로 학생들의 요구 사항을
받아들이기로 한 뒤 지키지 못하는 경우가 빈번하게 발생한다면 교사
에 대한 학생들의 신뢰도는 떨어지게 된다. 신뢰도가 떨어진 뒤에는 교
사의 어떤 제안에도 학생들은 믿으려 하지 않을 것이고, 앞에서 언급했
던 '듣기' '물어보기' '말하기 힘들면 따봉'과 같은 모든 행동들이 진실성
을 잃게 된다.

이걸 왜 해야 해요

　우리는 영문도 모른 채 비효율적이기만 한 업무를 하는 것에 대해 피
로감을 느낀다. 나아가 불만도 쌓여만 간다. 학생들도 마찬가지이다.
수업 중 하는 학습지나 모둠활동 그리고 며칠에 한 번씩 주어지는 과
제들까지. 이런 것들에 대해 아무런 설명 없이 '무조건 해라'라는 식으
로 활동 및 과제를 제시하는 것은 옳지 못하다. 하지만 우리가 제시하
는 학습지나 수업 중 행해지는 모든 활동의 이유를 설명하긴 힘들다.
적어도 학생들이 의문을 갖는 학습지, 활동들에 대해서는 그것을 해
야 하는 이유에 대해 학생들이 이해하고 납득할 수 있도록 설명해 주
는 것이 필요하다. 이유를 설명하지 않은 채 행해지는 과제 및 활동 제
시는 학생들의 불만을 생성할 뿐이다.

정의의 여신이 되자

　스포츠 경기에서 선수 못지않게 중요한 사람은 심판이다. 심판의 역
량은 해당 스포츠의 재미를 좌지우지할 정도이다. 학교라는 경기장 위
에 학생들은 선수이고, 교사들은 심판 역할을 수행한다. 심판의 핵심

역량은 공정함이다. 어떠한 상황 속에서도 한쪽에 치우치지 않는 공정한 판단을 내려야 한다. 학급 운영 중 심판이 개입해야 하는 상황은 매우 많다. 학생들 간의 다툼이 대표적이며 급식 먹는 순서, 발표 순서, 뽑기 순서, 프로젝트 학습 팀 구성 등에도 개입해야 한다.

급식 먹는 순서, 발표 순서, 팀 구성에 왜 공정한 심판이 개입해야 하는 걸까? 우린 보통 급식, 발표는 번호순으로 하고 프로젝트 학습 팀 구성은 앉은 자리 근처로 구성된 모둠 학생끼리 하는 경우가 대부분이다. 하지만 이것들은 온전히 교사가 임의로 정해준 다소 불공정한 방식이다. 번호순대로만 급식 식사나 발표를 할 경우, 항상 앞번호나 끝번호부터 시작하여 해당 학생들이 불만이 있을 수 있기에 우린 차선책으로 번호를 돌리는 방식을 선택한다. 모든 학생이 공정하게 첫 번째로 갈 수 있도록. 우리가 항상 명심해야 할 것은 학생들에게 아주 사소한 것에서도 공평하게 대하고 있다는 인상을 심어주는 것이다. 학생들은 사소한 것을 더 잘 기억한다.

5. 관계 속에서 역동의 의미 알아차리기

또래의 역동을 어떻게 이해시킬까?

역동dynamic은 힘차고 활발하게 움직인다는 사전적 의미를 지니고 있다. 관계 역동은 관계를 맺고 유지하며 끝맺는 다양한 국면의 흐름이 활발하게 움직인다는 것을 뜻한다. 교실 안에서도 다양한 관계와 그에 따른 관계 역동이 존재한다(정옥신, 이재용, 2017). 아이들은 어릴수록 부모의 영향력이 지대하게 미치다가 자라면서 점점 또래 관계가 중요하게 영향을 미치게 된다. 특히 초등 고학년이 될수록 자아가 성장하고 독립성이 발달하면서 부모의 영향력과 교사의 영향력에서 점점 벗어나게 되고 친구들의 영향력이 커지게 된다. 이에 따라 또래 관계가 중요하고 학생의 성장과 발달에 중요한 역할을 담당하게 된다.

초등 고학년 시기의 또래 관계의 역동은 이 시기의 발달적 특징인 불안정한 정서와 상호작용하여 그 상황과 맥락에 따라 다양하게 나타날 수 있다. 또래 관계는 자신의 개성을 추구하고 재구성하며 자아정체성을 발견하게 해주는 통로가 되고, 학교생활의 성패를 좌우하는 중요한 요인이 된다. 이때의 경험은 향후 중학교 고등학교 관계 형성에 중요한 기초가 되고, 이러한 관계 경험이 이전에 경험했던 대인관계의 상처를 치유하기도 하고, 또는 상처를 유지하고 강화시킬 수 있는 중요한 경험이 되기도 한다. 또래 관계 경험이 한 인간의 대인관계에서 보호요인이 되기도 하고 위험 요인이 되기도 하면서, 그 어느 시기보다 더 격렬하게 또래 간의 관계 역동을 보이기도 한다.

이 시기의 초등 고학년 학생들은 다소 불안정하고 상처받기 쉬우며 또래들의 수용과 인정을 강하게 원하는 욕구를 가지고 있다. 몇몇 친구들은 친구들의 행동이나 가치에 무조건적으로 동조하기도 하고 대인관계 기술이 부족하여 또래로부터 거부당하기도 한다. 이러한 까닭에 또래 및 사회적 관계의 어려움은 학교폭력, 집단 따돌림, 은따와 같은 문제로도 나타난다.

이 시기의 또래 관계는 두 가지 측면에서 바라봐야 할 것 같다. 첫 번째는 질적인 측면이다. 질적인 측면은 친구와의 관계가 얼마나 질적으로 좋은 관계를 경험하고 있는가이다. 또 한 가지는 양적인 측면이다. 양적 측면은 인기, 지위, 선호도 등으로 판단할 수 있다. 이 두 가지 측면은 서로 균형이 필요하며 서로 보완적인 관계가 되기도 한다.

질적인 측면은 특히 초등 고학년 여학생들에게 중요한 요소로 작용한다. 남학생들은 몰려다니면서 놀기도 하고 따로 독립적으로 지내기도 비교적 잘하는 한편 여학생들은 혼자서는 잘 지내지 못하는 측면이 강하다. 또 남학생은 무엇인가 활동을 하게 되면 그 활동 자체에 의미를 두고 집중하는 경향이 강하지만 여학생들은 그 활동 자체보다 누구와 활동하는가에 대한 열망이 강해 보인다. 그래서인지 남학생은 비교적 혼자 놀기도 잘하고 다시 금방 친구들과 어울리기도 잘하지만 여학생들은 혼자 있는 것을 힘들어한다.

협력적인 또래 관계의 긍정적인 측면은 내면의 불안을 완화시키고, 자신의 정상 발달을 위해 또래들과 정보도 교류하며 자신을 해석하면서 불안을 완화하고 발달 방향을 잡아간다. 또한 적극적인 자세로 학습이 이루어지도록 돕는다. 또래 관계가 좋을수록 학습능력이 좋아지고 사회적 지지와 친밀감이 클수록 자기효능감(특정 상황에서 자신이 적절한 행동을 함으로써 문제를 해결할 수 있다고 믿는 신념이나 기대감)이 높으며 친구들로부터의 사회적 인정은 전반적인 행복 수준을 높여 준다(Merten, 1996).

반대로 부정적인 또래 관계는 청소년기 이후 인간관계 갈등이나 관계의 스트레스로 이어져 자아 존중감의 저하, 부정적인 정서를 경험하게 된다. 또래 관계는 정서 문제와 매우 강한 연관성을 가지고 있다. 청소년이 지니는 공격성, 위축감, 주의 집중력 결핍 등의 정서 문제는 또래와의 역기능적인 관계 형성을 부추기고 또래 관계의 안정성을 방해하기 때문에(이충권, 양혜린, 2015), 부정적인 또래 관계는 파괴적이고 공격적인 성향을 증가시키며, 생활 전반의 부적응을 초래하게 된다.

또래 관계가 학업성취도나 정서에 미치는 영향을 볼 수 있는 가장 좋은 예는 전학생의 경우이다. 많은 경우 전학 온 학생들이 얼마나 빠르고 안정적으로 새로 전학 온 학교에 적응하는가를 좌우하는 것은 또래 관계이다. 지금은 대부분 초등학교에서의 평가가 수행평가로 이뤄지는 경우가 많지만 예전에는 중간, 기말고사를 지필 고사로 보았다. 막 전학 온 학생을 상대로 상담을 했을 때 우수한 성취도와 우수한 성적을 가진 학생이 첫 시험에서 기대에 미치지 못하는 성적이 나오는 경우가 많았다. 그러나 또래 관계가 형성되고 그 관계가 안정적으로 지속되면 대부분 다음 시험에서 본래의 성취도와 성적으로 복귀하였다. 뿐만 아니라 정서적인 측면에서 안정적으로 보인 여학생이 학부모 상담을 해 보면 한동안 단짝이 생기고 그 단짝과의 관계가 안정적으로 지속될 때까지 부모에게 하소연을 하는 경우도 많이 보았다.

학생들과 또래 친구들 간의 역동이 어떻게 작용하는지를 함께 이야기 나눠보는 것이 또래 관계를 이해하도록 돕는 데 유용할 것이다.

"1반하고 피구 시합에서 우리 반이 이겼잖아요. 여러분은 우리가 어떻게 해서 이긴 것 같아요?"

"서로 협동했어요." "패스를 잘 했어요." "잘 피했어요."

"마지막에 우리 반 친구 2명이 남았잖아요. 그때 우리 반 친구들이 어떻게 했죠?"

"모두 함께 2명을 응원했어요. 힘내라고."

"그래요, 우리 반이 함께 하나가 돼서 힘을 냈기에 우리 반이 승리한 것 같네요."

"마지막까지 살아남은 2명의 친구는 어땠나요?"

"엄청 떨렸어요. 우리 반 친구들의 응원이 고맙기도 하면서, 부담스럽기도 했던 것 같아요."

"맞아요, 저도 이렇게 친구들이 응원해 줬는데, 아웃되면 안 되겠다고 생각했어요. 은근히 부담이 됐어요."

"그래요, 친구들의 응원이 도움도 되었지만, 부담이 되었군요. 근데, 누가 제일 먼저 응원을 시작했지요?"

"△△이요, △△이가 큰 소리로 우리 반 파이팅! 하고 말했을 때, 나도 해야겠다고 생각했어요. 그래서 저도 파이팅! 하고 소리쳤지요."

"맞아요."

"그럼, △△이가 피구 시합에서 승리하는 데, 중요한 역할을 한 셈이네요. △△이가 우리반의 분위기를 승리의 분위기로 바꿨네요. 대단해요. 모두 △△이에게도 박수!!"

6. 관계 수업 사례

새 학년이 시작될 때마다 학생들에게 던지는 질문이 있다.

"여러분은 학교에 왜 오나요?"

이 질문을 던지면, 학생들은 너무나 자신 있게 대답을 한다.

"공부하러 와요." "배우러 와요." "수업하러 와요."

그러면 다시 질문한다.

"공부는 집에서도 할 수 있지 않나요?" "수업도 인터넷 학습으로 할 수 있지 않나요?"

그러면 학생들은 또 이렇게 대답한다.

"선생님과 공부하러 와요." "선생님이 있잖아요."

여기에 "학원 가도 선생님 있잖아요, 그리고 선생님 없어도 공부할 수 있잖아요."

이쯤 되면, 학생들이 고개를 갸우뚱거리기 시작한다. 그러면 다시 질문을 던진다.

" 여러분은 왜 학교에 오나요?"

한참을 머뭇거리던 학생들이 다른 대답을 한다.

"친구가 있잖아요." "집에서 공부하면 친구를 못 만나잖아요." "맞아요, 친구요."

이런 대답을 들으면 이제 본격적으로 학생들과 관계에 대한 이야기를 할 분위기가 형성된 것이다.

이제 지금부터가 학생들과 본격적으로 관계에 대한 이야기를 할 차례이다.

"그럼 여러분은 친구를 만나기 위해서 학교에 오나요?"
"네."
"그렇군요, 그럼 여러분은 친구랑 공부하러 학교에 오는 거네요."
"네."

"그럼, 여러분은 어떤 친구와 함께 공부하고 싶나요?"
"좋은 친구요." "날 이해해 주는 친구요." "내 말을 잘 들어주는 친구요." 등의 말들이 나온다.

이 정도 한 다음에 다음 질문을 이어간다.

" 어떤 친구가 좋은 친구인가요? 싫은 친구는 어떤 친구인가요?"

〈 3학년 학생들이 말한 좋은 친구, 싫은 친구 〉

좋은 친구	싫은 친구
배려심이 있는 친구	무시하는 친구
나쁜 말 하지 않는 친구	욕하는 친구
내 마음을 이해해 주는 친구	때리는 친구
내 생각과 의견을 존중해 주는 친구	욕심내는 친구
폭력을 하지 않는 친구	힘으로 하는 친구
욕하지 않는 친구	남의 물건 함부로 하는 친구
뒷담화하지 않는 친구	약속 안 지키는 친구
내 말을 잘 들어주는 친구	예의 없는 친구

"그럼, 여러분은 학교에서 어떤 친구가 되어야 할까요?"

"좋은 친구요."

"그렇군요, 나 스스로 좋은 친구가 되면 되겠네요."

이어서 바로 관계에 대한 질문을 이어간다.

"우리 반에는 몇 명의 학생이 있나요?"

"25명이요.(대개 한 학급에 25명~30명의 학생이 있다.)"

"그럼 25명의 학급 친구들 중 나는 몇 명의 친구와 함께 공부하나요?"

이 질문이 나오면, 학생들은 자기와 친한 몇 명의 친구들을 떠올리며 대답한다.

"3명이요, ○○이랑 △△이요." 개중에는 "우리 반 모든 친구요."

"선생님이 경험한 한 학생의 이야기를 해 줄게요. 4학년 한 학생이 자기랑 잘 어울리는 3명의 친구와 함께 학교에서 친했어요. 그런데 그중 한 명의 학생과 다툼이 있었어요. 그런데 옆에 있던 두 명이 그 학생과 다툰 다른 친구의 편을 들었어요. 그러자 그 학생은 외톨이가 되어버렸죠. 그런데 그 친구가 학급에 다른 친구들과 어울리려 했지만, 다른 학급 친구들 역시 그 친구가 갑자기 자기들과 친하려고 하니까 낯설어했어요. 그래서 그 친구는 누구와도 말을 할 수 없었어요. 결국 그 친구는 어떻게 되었을까요?"

이 얘기를 하고 나면, 학생들의 반응은 매우 진지해진다. '학교에서 외톨이가 되는 기분을 모두 아는 걸까? 아니면, 그렇게 되면 어떡하지 하는 경계심이 생긴 걸까?' 어쨌든 이제 관계에 대한 의미를 학생들에게 말할 시간이 무르익은 것이다.

"교실에는 25명이나 되는 학생들이 있잖아요. 그런데 대개의 학생들은 자기와 친한 몇 명의 학생들과만 학교에서 눈을 맞추고, 이야기를 하고, 놀기도 하고 하죠. 그러다가 그 친구들과 갈등이 생기면 교실의 다른 친구들이 있음에도 불구하고 외로움을 느끼게 되죠. 학교에 오기도 싫어지고. 이 학생이 평소에 자기와 친한 친구들뿐만 아니라 교실에 있는 다른 여러 친구들과 이야기도 하고, 관심도 기울이고, 함께 놀기도 하고 했다면, 어땠을까요? 그 갈등을 다른 교실 친구들에게 이야기할 수도 있고, 다른 교실 친구들에게 위로받기도 하면서 어려움을 쉽게 헤쳐나갈 수 있지 않을까요? 여러분들의 생각은 어떤가요?"

"선생님, 저도 그래서 힘들었던 적이 있었어요." "네, 저도 그랬어요. 엄청 힘들었어요."
이런 경험을 한 친구들이 서로 자기들의 경험을 쏟아낸다. 정말로 친구로 힘든 경험을 했던 학생들이 적지 않다.

"선생님, 어떻게 해야 해요?"
"어떻게 해야 할까요?"

학생들은 스스로 답을 찾아간다.

1) 미술치료 수업 ― 습식수채화

　일반적인 수채화는 마른 종이에 수채 물감을 쓰지만 습식 수채화는 축축한 재질의 종이 위에 수채 물감이 더 번지고 스며드는 느낌을 느끼며 그리는 방법이다. 붓이 스칠 때마다 부드럽게 느껴지는 느낌이 긴장된 마음을 완화시키고 이로써 자신의 기분이나 감정 상태를 자유롭게 나타내는 한편, 마음을 차분하게 해 주는 효과가 있다.

　습식 수채화를 그리기 전에 긴장되거나 들뜬 기분을 가라앉히고 마음 깊은 곳을 끌어올리기 위해 잠깐 명상에 들어갔다. 학생들은 눈을 감고 교사가 들려주는 멘트와 잔잔한 음악에 귀를 기울였다. 음악은 명상 음악 중에 상쾌하면서도 잔잔한 음악으로 골라 들려주었다. 멘트는 음악 중간중간에 적당하게 들려주었다.

　명상이 끝나면 습식 수채화를 시작하는데 쟁반에 두루마리 화장지를 쟁반 길이에 맞춰 깔고 스프레이로 물을 뿌린 후 손으로 다져서 적당한 두께의 화지를 만든다. 스프레이를 뿌릴 때의 쾌감은 스트레스 해소에 도움이 된다. 손으로 화지를 만드는 작업은, 화장지의 부드러운 표면은 안정감을 주고, 촉촉하고 상쾌한 느낌은 기분을 새롭게 하고 활동에 대한 의욕을 가져다준다.

　활동 후 학생들에게 그림 주제를 물어보았을 때 '밤하늘', '나무'와 같이 말하는 아이도 있었지만 '잘 모르겠어요. 그냥 생각나는 대로 그렸어요.'라고 말한 아이들도 있었다. 그래서 "네가 이런 느낌이 올라왔나 봐." "너의 마음 상태가 나타났나 보다."라고 말해주었다. 아이들은 부드러운 붓의 느낌과 번지는 화지의 느낌도 좋았고 주제 없이 자유롭게 표현한 것도 좋았다고 하였다. 그래서인지 화장지 그림이어도 다른 작품들보다 더 소중히 보관하고 전시하고 싶어하였다. 자신을 들여다보고 탐색하는 시간이 적은 우리에게 습식 수채화는 나를 표현하는 자유로운 시간과 공간이 되어 주었다.

① 갑휴지를 한 장씩 뽑아 8절 켄트지 위에 한 장씩 올리고 분무기를 뿌린다.(8절 켄트지 대신 쟁반 등을 깔거나 또는 쟁반에 직접 두루마리 화장지를 길이에 맞춰 잘라 사용해도 된다. 이때 책상에 미리 신문지 등을 깔아두면 책상 물기 제거에 용이하다.)

② 물을 뿌린 후 화장지를 손바닥으로 누르거나 두드리며 켄트지에 밀착시킨다.

③ 원하는 두께가 되면 원하는 색의 물감으로 자유롭게 그림을 그린다.

④ 작품을 바라보며 '무엇이 보이는지', '무엇이 느껴지는지', '더 그리고 싶은 것이 있는지', '그릴 때와 그린 후 느낌은 어떠한지' 등에 관해 이야기를 나눈다.

관계중심수업: 미술 치료 수업 사례

목표
나의 마음을 담은 수채화를 표현할 수 있다.

관련교과
창체, 미술, 국어, 국어·미술 통합 수업

준비물
켄트지(또는 쟁반), 갑휴지(또는 두루마리 화장지), 스프레이, 수채용구

진행 절차 및 방법

도입 (5분)

[활동] 나의 마음 들여다보기

"명상을 하며 나의 마음을 들여다 봅시다."

＊배경음악–명상 음악, 숲의 소리 등

[명상 1]

＊명상 멘트

나는 시원한 바람입니다. 숲 속 사이사이를 자유롭게 날고 있어요. 나뭇잎들과 예쁜 꽃들이 인사를 하네요. 나는 꽃과 나뭇잎들을 반갑게 흔들어 주고 날아갑니다. 이번엔 토네이도가 되어 휘돌아봅니다. 힘차게 멋지게! 이번엔 하늘을 올려다봅니다. 하늘은 얼마나 높을까요? 높이 높이 올라가봅니다. 구름 위로도 올라봅니다. 정말 높이높이 올라왔어요. 집들이 개미만큼 보이네요. 이제 내려갑니다. 제트기보다 빠르게 신나게 하강합니다. 정말 자유롭고 신나고 즐거운 비행이네요.

[명상 2]

나는 엄마의 자궁 속에 있어요. 엄마 뱃속의 물침대가 정말 편안하네요. 엄마 목소리가 들려요. '아가, 사랑해. 언제까지나 널 사랑한단다.' 엄마의 물침대에서 자유롭게 그리고 편안하게 움직이며 놀고 있어요. 아빠 목소리도 들리네요. '사랑하는 나의 아기, 아빠가 널 지켜줄게.' 나는 사랑받는 사람, 소중한 사람입니다.

전개 (30분)

[활동 1] '습식 수채화' 활동하기

습식 수채화로 나의 마음을 표현하여 봅시다.

－ 수채화를 그릴 때 항상 마른 종이에 그려왔을 거예요. 오늘은 습기가 많은 축축한 면에 그림을 그려볼게요. 화지가 습기가

많아서 붓을 대었을 때 물감이 번져나가는 부드러운 느낌이 들 거예요. 무엇을 그리든 그리고 싶은 것을 자유롭게 표현하면 됩니다.

[참고] 스프레이는 개인당 1개씩 있으면 가장 좋으므로 집에 있는 스프레이를 가져오라고 하는 게 좋다. 수채용구를 다루는 방법은 일반적으로 그림을 그릴 때와 동일하지만 스프레이가 있으므로 함부로 다른 사람이나 물건에 물을 뿌리지 않도록 미리 주의를 준다. 수채용구를 쓸 때 학급에 미리 물이 든 주전자나 빈 양동이를 준비해 두면 학생들이 물을 채우거나 비우려고 복도까지 다니지 않아도 된다.

화장지를 한 겹 깔고 물을 뿌리고 손바닥으로 눌러 화지를 평평하게 만들어 주는데 화지가 너무 얇으면 붓이 화장지의 부드러운 면을 온전히 느끼기 어려우므로 두께감이 있도록 만든다. 학생들은 촉촉한 면을 손바닥으로 누르며 느끼는 것만으로도 즐거워한다.

[활동 2] 그림에 대하여 이야기 나누기

그림을 다 그렸다면 그림에 대하여 친구들과 이야기를 나누어봅시다.
- 무엇을 표현한 것인가요?
- 그림을 보면 어떤 것이 생각나나요?
- 그림 속에서 느껴지는 것이 무엇인가요?
- 그림을 그릴 때 기분이 어땠나요?
- 더 그려 넣고 싶은 것은 무엇인가요?

[참고] 그림을 완성한 것 같아도 친구들과 이야기를 나누면 더 그려넣고 싶은 것이 생기기도 한다. 또한 그림을 그리면서 느끼거나 발견하지 못한 것을 친구가 새롭게 느끼거나 발견하기도 한다. 또한 친구의 이야기를 공감해 주면서 서로의 친밀감을 형성하고, 더 나아가 느낌에 대한 경험도 나누는 등 활동의 영역은 더 확장될 수 있다.

마무리 (5분)

[활동] '습식 수채화' 활동 마무리하기

그림에 제목을 만들어 붙여봅시다.

[참고] 떠오르는 느낌대로 그린 경우 제목이 잘 떠오르지 않는 경우도 있다. 이때 친구들끼리 이야기를 나누면 제목을 쉽고 재미있게 짓기도 한다.

참고자료

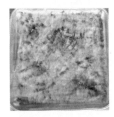  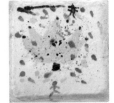

참고도서

김인선 외 3인(2018), **임상 적용을 위한 미술치료기법**, 학지사.

2) 역할극 치료 수업

역할극은 초등학생들에게 직관적으로 관계 역동의 변화를 관찰할 수 있도록 돕는 유용한 방법이다. 성인들이 하는 사이코드라마나 드라마 치료와 같지만, 학생들의 삶과 경험을 역할극으로 만들고 참여함으로써 관계의 의미를 이해하는 데 도움이 된다. 많은 초등학생 대상 심리상담 프로그램에 역할극이 등장하고 연극치료라는 장르가 생길 정도로 효과적이다. 교실에서 또래 학생들 간에 일어나는 다양한 심리적 역동을 역할극을 통해 이해하고 서로 간 관계의 중요성을 이해하도록 활용해 볼 필요가 있다.

관계중심수업: 역할극 치료 수업 사례

목표
역할극을 경험하고 또래 친구 관계의 역동을 이해하고 친구에게 힘이 되는 역할에 공감한다.

관련교과
국어, 도덕

준비물
종이돈

단계
진행 절차 및 방법

도입 (5분)
[활동] 내가 어려움에 처했을 때 내 편을 들어준 친구가 있었는지 말해보기
동영상: 학교폭력예방극 1화, 툭툭 치지 말아요(법무부, 행복나무프로그램)
https://www.youtube.com/watch?v=kdNUiJYfbCY
드라마를 보고, 나라면 어떻게 할지 말해보기

전개 (30분)
[활동 1] 상황에 따른 감정 이해하기(수업형태: 전체학습)

역할 놀이 1. "내 눈빛을 바라봐."
- 5명이 옆으로 나란히 서서 앞을 바라본다.
- 술래 1명이 그 앞에 서서 한 명씩 지나가면서 눈 마주치기를 한다.
- 술래가 아닌 5명은 절대 술래와 눈을 마주치면 안 된다.
- 술래는 어떻게 해서든 1명이라도 자기와 눈이 마주치도록 한다.
- 먼저 술래와 눈이 마주치면 그 사람이 술래가 된다.

Tip: 조금 진지한 분위기에서 역할놀이를 할 수 있도록 한다. 술래는 말을 사용할 수 있다.

역할놀이 2. "나 좀 들여보내 줘."
- 5명이 동그라미를 만들어 바깥쪽을 바라보며 선다.
- 5명이 서로 팔짱을 끼고 손에 힘을 주어 공간이 생기지 않도록 한다.
- 술래 1명이 5명이 만든 동그라미 안으로 들어가야 한다.
- 5명은 술래가 동그라미 안으로 들어가지 못하도록 힘을 주어 막는다.
- 술래가 동그라미에 들어가면 다른 사람이 술래가 된다.

Tip: 조금 진지한 분위기에서 역할놀이를 할 수 있도록 한다. 술래가 너무 힘을 주어 묶인 손을 풀지 않게 한다. 다칠 수 있으니, 안전에 유의한다.

[활동 2] 내 마음을 친구와 나누기(수업형태: 모둠학습)
역할극 "나 1,000원만 빌려줘."
- 먼저 두 명의 역할극 대상을 뽑아, 한 명은 1,000원을 빌리는 역할, 다른 한 명은 1,000원을 빌려줘야 하는 역할을 맡는다.
- 빌려야 하는 사람은 꼭 빌려야 한다. 빌려줘야 하는 사람은 사정이 있어 빌려줄 수 없다고 해야만 한다.

– 두 사람의 역할극이 끝나면, 이제 추가로 다른 두 명을 역할극에 참여시킨다. 추가로 나온 두 명에게 돈을 빌리는 역할을 하는 사람 옆에 서게 하고, 다시 돈을 빌려 달라고 말하게 한다.

– 그런 다음에 돈을 빌리는 사람의 목소리가 어떻게 달라지는지 관찰한다. 또 돈을 빌려줘야 하는 사람의 모습이 어떻게 달라지는지 관찰한다.

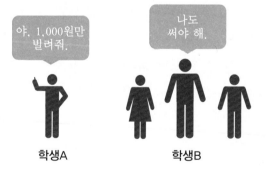

– 다음에는 돈을 빌리려는 사람 옆의 두 사람을 돈을 빌려줘야
하는 사람 옆에 가서 서도록 한다.
– 그 다음에 다시 돈을 빌리는 상황을 역할극으로 하게 한다. 이
때 돈을 빌리려는 사람과 돈을 빌려줘야 하는 사람의 목소리나
모습이 어떻게 달라지는지 관찰한다.

– 돈을 빌리려는 사람과 돈을 빌려줘야 하는 사람의 목소리, 모
습의 변화를 통해 우리가 느낀 점에 대해 이야기를 나눈다.

Tip: 역할극에 참여할 대상은 연기력이 조금 있는 학생으로 한다. 관찰하
는 학생들이 진지하게 역할극을 보고 변화를 찾아낼 수 있도록 안내
한다.

마무리 (7분)
– 오늘 역할놀이와 역할극을 통해, 또래 친구가 어려움에 처했을
때 내가 어떤 도움을 줄 수 있을지에 대해 이야기와 소감을 나
눈다.

역할극을 해보고 쓴 글(학급 어린이들의 이야기)
– 학교폭력을 당하고 있는 친구를 편들어주거나 옆에 있어준다. 그
런데 나는 2학년 때부터 지금도 학교폭력을 많이 당하고 있다. 용
기가 없다.
– 친구가 어려움에 있으면 용기를 내서 도와준다. 1학년 때 폭력을
당했는데 친구들이 안 도와줬다. 그리고 선생님도 없었다. 그래서
내가 용기 내서 물러났다.
– 학교폭력을 당하는 친구를 보면, 센 사람과 약한 사람 중 약한 사

람을 도와주어야 합니다. 친구는 장난으로 했다고 해도 피해자가 폭력으로 생각하면 폭력입니다. 만약 학교폭력을 당하면 먼저 하지 말라고 단호하게 말합니다. 그래도 계속하면 선생님께 말씀을 드려야 합니다. 학교폭력을 당하는 친구들 보면 힘이 약한 사람에게 가야 합니다.

- 친구들이 역할극을 했다. 학교폭력을 당하는 친구를 보면, 가해자에게 당당하게 말해야겠다. 힘들어하는 친구 옆에 서야겠다.
- 내가 만약 방관자라면 피해자를 도와주고 할 것이다. 내가 만약 가해자면 피해자와 함께할 것이다. 친구가 돈이 필요해도 줄 수 없다고 할 것이다.
- A가 가해자고 B가 피해자, C·D·E가 방관자다. A가 B를 괴롭히고 있을 때, C·D·E가 A 옆으로 가면 B는 C·D·E가 자길 괴롭혔다고 생각하고 무서웠을 것이다. 하지만, B 옆으로 가면 B는 용기가 나서 괴롭힘을 막을 수 있을 것이다. 그러므로 C·D·E처럼 방관자의 선택, 행동이 중요하다.
- 가해자가 피해자를 때리고 있거나 괴롭히고 있다면 방관하지 말고 피해자의 힘이 되어준다.
- 방관자는 피해자 옆에 서있어주어야 한다. 피해자 편을 들어주고, 피해자를 위로해 준다.

3) 그림책 치료 수업

그림책으로 마음 열기

관계를 맺기에 앞서 그 사람에 대해 아는 것이 선행되어야 한다. 크고 둔탁하기만 한 어른의 손으로는 아기자기한 아이들 마음의 문을 열기가 쉽지 않다. 학교 일과를 하면서 동시에 스무 명이 넘는 각기 다른 아이들 한 명씩 온전히 살피기란 냉정하게 말해 불가능하다. 아이들이 품고 있는 마음의 상자는 열기도 어렵지만, 마음의 문을 연다고 해도 그 마음을 알아주고 보듬어 주는 일은 그보다 더 많은 관심과 사랑이 필요하다. 그러다 보니 아이들의 마음을 들여다보는 것부터 주저하게 되고, 망설임이 길어지면 두려워지고 두려움은 회피를 불러오게 된다.

대개 아이들이 가정에서 겪는 어려움은 학교생활로 이어지는데, 내가 아무리 노력해도 가정에서 바뀌지 않으면 아무 소용이 없다는 생각에 나도 모르는 척할 때가 있었다. 그러나 터질 것 같은 그 어떤 감정도 이야기를 들어주는 한 사람이 있으면 해소되는 게 사람이다. 아이들에게 그 경험은 더 크게 다가온다. 목 끝까지 차오른 감정이 조금씩 비워지면서 아이들은 자기도 모르게 누그러지고 눈빛이 변하고 태도가 달라진다. 그러면 아이들은 그림책에 나온 이야기는 물론 자기 이야기까지 마음껏 풀어놓는다. 그림책은 그 아이가 무슨 생각을 하고 사는지, 요새 고민은 무엇인지 어른의 눈을 잠시 감고 한 사람 대 한 사람으로 진심으로 궁금해하며 묻는 것, 이것이 그림책에 빠진 이유이다.

반 안의 문제 해결을 위해 아이들을 자리에 앉혀놓고 1시간 동안 훈계를 하는 것과 관련된 그림책 한 권을 읽고 서로의 생각을 나누고 해결방안을 찾아보게 하는 것, 둘 중 어느 것이 더 효과가 있을까? 일단 그림책을 선생님이 읽어주는 것 자체로 아이들은 자연스럽게 마음의 문을 열게 된다. 실감나는 목소리까지 더하면 금상첨화이다. 가끔 그림책을 읽어주다 아이들의 얼굴을 보면 책을 보는 것이 아니라 내 얼굴을 보고 있는 아이들이 많다. 선생님이 어떤 목소리와 표정으로 읽는지가 너무 궁금하고 재미있다는 얼굴이다. 그 아이를 알기 위해 여러 질문을 하지 않고도 자연스럽게 그들의 마음을 적시고 열게 만드는 강력한 힘을 가진 것이다.

매년 3월 초 머릿속 마인드맵을 아주 구체적이고 상세하게 적어보는 활동을 한다. 교사인 나도 마찬가지이다. 가족, 친구, 학원, 용돈, 장래 희망, 외모, 코로나 등등 아주 구체적으로 범주를 나눠 자기 생각을 정리한다. 이 활동 전에 나는 '아이들이 이렇게 깊은 생각을 할 수 있을까?' 하는 의심을 품고 있었다. 하지만 이 활동에 임하는 아이들의 진지하고 적극적인 자세에 내 자신이 부끄러웠다. 어릴 때 내가 하는 고민이 나에겐 너무나 컸지만 진지하게 내 고민을 나눠보진 못했던 것 같다. 해결해 주진 못하지만 아이들에게만큼은 자신들의 고민과 생각을 함께 들어줄 사람이 되고 싶었다.

3월 초, 5학년 친구의 머릿속을 살펴보았다. 3년 전 외할머니를 뵈러 가지 못했던 걸 후회하고, 자신의 글씨체를 고민하고, 반 친구들과의 문제로 고민하고, 부모님의 다툼으로 스트레스 받는 등 작은 머릿속에 우리가 알지 못하는 수많은 생각들로 가득 차 있다. 그들은 아이가 아니다. 나와 같은 한 사람이다.

그림책 제작하기

그림책 읽기에서 작가로서 자신이 표현된 자기만의 책을 갖는다는 건 참 의미 있는 일이다. 1학년부터 6학년까지 수준이 다른 아이들도 모두 그림책 작가가 될 수 있다. 그림책 제작 연수를 듣고 방과 후 아이들과 함께 그림책을 제작하였다. 선생님의 정성과 시간이 많이 들지만 아이들이 자신의 이야기를 표현하고, 그 과정에서 너무나 좋아하는 모습을 보며 나는 행복했다.

그림책 제작하기 단계 및 내용

① 쓸 내용 정하기

내 머리속 정리하기

위 내용 참고

은유 거울을 통해 나 들여다보기 (주인공 선정)

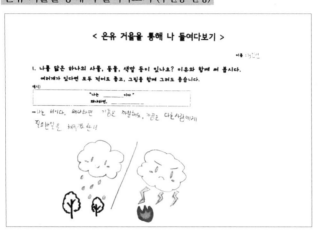

여섯 조각 이야기 (이야기 틀 잡기)

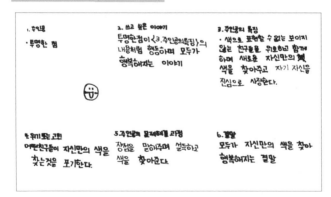

시퀀스

이야기 덩어리 짓기 (페이지 수에 맞춰)

> ① 1.2 작가말, 추천말, 제목
>
> ⑤ 3.4 주인공 소개
>
> ⓒ 5.6 앵두의 고민/앵두의 평소 행동
>
> ⓓ 7.8 앵두다 싫은 사람(은혁) 대화
>
> ⓔ 9.10 앵두의 생각 속
>
> ⓕ 11.12 앵두의 행동 변화
>
> ⓖ 13.14 편견이라는 틀에 금
>
> ⓗ 15.16 편견이라는 틀이 부서지며 끝

썸네일 스케치

엄지 손톱만한 크기로 전체적인 틀 표현하기

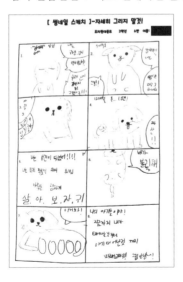

③ 예술의 폭 넓히기

- 연필 & 지우개, 싸인펜, 색연필, 붓펜, 수채화 물감, 아크릴
  물감, 유성 매직, 색종이, 한지 등으로 장면 표현해보기
- 내 이야기와 가장 잘 맞는 표현법 고르기

④ 그림책 완성하기

A4 도화지 또는 스크랩북 이용

⑤ 작가의 말 완성하기

- 책 앞 또는 뒤에 들어갈 작가의 말 작성
- 작가 인터뷰 지를 통해 내용을 정리한 다음 작성하기

작가의 말

저는 어릴때 제가 쓸모없는 존재라고 생각했었습니다. 하지만
초등학교에 입학하자 주변 사람들이 공부, 글씨, 댄스, 독서 등등의
칭찬을 해주었습니다. 그것을 시작으로 다양한 일들이 저를
중심으로 일어나기 시작했고 저는 느꼈습니다. '내가 존재
하기에 나를 중심으로 다양한 일들이 일어나는 구나'라고요.
그래서 저는 당신이 존재하기에 당신을 중심으로 다양한
일들이 일어난다는 것을 당신은 특별하다는 것을 전하고
싶었기에 책 '내가 존재하기에'를 제작했습니다.

⑥ 출판 기념회 및 소감 나누기

서로의 책을 바꿔보며 포스트잇 소감 나눔 활동

참고도서

이현아(2020), **그림책 한 권의 힘-읽고 쓰고 만드는 그림책 수업의 모든 것**, 카시오페아.

5부

교실 평화의 두 번째 열쇠
- 공감 -

1. 마음의 파도를 알아차리는 어린이로 만들기

마음이 파도라면 어떻게 해야 할까?
잔잔한 파도가 되도록 하려면?

마음은 호수가 아니라 바다인 것 같다. 언제나 파도친다. 공자는 나이 40이면 불혹이라 했지만 요즈음 보면 나이 40 먹은 어른들도 마음이 출렁거리는 것 같다. 그런데 초등학생들은 오죽하랴. 그들의 마음은 하루에도 12번씩 변한다. 게다가 사춘기에 접어든 초등 고학년 5, 6학년은 더한다. 아이들의 미묘한 감정의 변화는 아이들 생활의 모든 면에 영향을 끼친다.

첫째는 부모와의 관계에 영향을 미친다. 아이들은 감정에 매우 충실하게 반응한다. 또한 부모는 이렇게 해서 나온 아이들의 행동에 민감하게 반응한다. 그래서 부모들은 아이들의 행동에 매우 민감하게 반응한다.

　"우리 아이가 왜 이러는지 모르겠어요."
　"우리 아이가 왜 지렇게 행동하는지 모르겠어요."

아이의 행동을 유발하는 원인은 감정인 경우가 많다. 어른들은 감정이 일어나도 어느 정도 "이성"이라는 제어장치가 감정을 제어하는 반면, 아이들은 아직 이성이 발달하지 않은 관계로 감정에 의하여 행동하는 경우가 많다. 오스트리아의 정신의학자 알프레드 아들러의 표현을 빌리면 '목적을 위하여 행동하는 것'인데, 이는 감정 해소 또는 감정 표현을 거칠게 하는 것이다.

아이들은 대게 부모와의 관계 속에서 자신이 누구인지 가치 있는 사람인지, 감정적인 상황에서 어떻게 대처해야 하는지를 배우게 된다.

둘째는 친구들과의 관계이다. 친구들과의 관계는 교실 생활에 큰 영향을 끼친다. 이로 인해서 크고 작은 일들이 일어나곤 한다. 어른과 아이의 관계인 부모와 자녀와의 관계에서도 감정의 처리는 쉽지 않다. 어른들도 어른들 사이에서 감정 처리가 어려운데 아이들 사이에서는 더욱더 쉽지 않다. 미성숙한 아이들이 모인 교실에서는 자신의 감정을 어떻게 처리하고 상대방의 감정을 어떻게 받아주어야 하는지 알지 못하기 때문에 감정의 문제 때문에 문제 상황이 일어나기도 한다. 한 아이의 감정의 파도가 그 아이와 관계를 맺고 있는 다른 아이들에게 영향을 미치고 그로 인해서 교실 전체에 영향을 미쳐서 교실 전체가 혼돈에 빠지기도 한다. 가끔 관계를 조정하고 타인의 감정을 수용하는 능력이 뛰어난 아이가 있어서 아이들의 관계를 조정하고 아이들의 감정을 정리해서 교실을 평화로 이끌어가는 아이들이 있다. 하지만 이 경우는 매우 특별한 경우고 이런 아이들이라고 해서 모든 아이들과 관계가 좋을 수만은 없어서 교사의 개입이 필요한 경우가 많다. 하지만 학생들이 스스로 자신의 마음의 파도를 알고 이에 대해서 대처하고 처리할 수 있다면 교실은 훨씬 평화롭고 안정적인 교실이 될 것이다.

"모두 두 눈을 감아 보세요. 그리고 자신의 마음이 바다라고 생각해 보
세요. 여러분의 바다는 고요하고 잔잔한가요? 아니면 파도로 출렁이고
있나요?"

"저는 잔잔해요."

"저는 지금 몹시 파도가 치고 있어요."

"여러분의 마음에 파도가 친다면 여러분의 감정이 움직이고 있다는 거
예요."

"여러분의 파도는 안전한 파도인가요? 아니면 위험한 파도인가요?"

"안전한 파도예요."

"폭풍우 치는 파도예요."

"여러분 마음의 파도는 다행이도 여러분의 힘으로 조절할 수가 있어요.
여러분 마음의 파도를 잔잔하게 만들어 보세요. 마음의 바다가 고요할
수 있게요."

셋째는 교사와의 관계에도 영향을 미치게 된다. 교사가 학생의 감정
을 항상 알아채고 아이의 상태에 따라 감정을 코칭해 줄 수 있으면 당
연히 좋을 것이다. 하지만 교실에서 20명이 넘는 아이들 모두에게 그렇
게 항상 감정코칭을 하면서 대할 수는 없을 것이다. 아이들 스스로 자
신의 감정을 인식하는 정도라도 되어주면 그에 따라 자신의 감정을 표
현할 수만 있어도 주변의 친구들에게 자신의 감정 상태를 인식시키고
자신을 자극하는 친구가 생기지 않도록 할 수 있을 것이다. 또한 교사
와의 관계에 있어서도 자신의 감정을 이야기하고 감정적인 에너지를
나쁜 쪽으로 흐르지 않도록 할 수 있을 것이다. 그러면 교사도 학생의

감정상태를 알고 수업 중이나 일과 중 학생의 행동에 대해 이해할 수 있고 다른 학생들에게도 그 학생의 감정 상태에 대해서 말해주고 다른 학생들의 이해를 구할 수 있을 것이다.

또한 교사와의 갈등 상황에 있을 때에도 마음의 파도를 알아차린다면 자신의 감정을 정확하게 표현하고 과격한 행동이나 일탈행동을 일으키기 전에 자신의 상태를 교사에게 전달하고 교사는 학생의 감정을 코칭해 주어서 문제행동이나 일탈행동을 막을 수 있다.

이런 감정의 변화, 곧 마음의 파도를 알아채고 잔잔한 파도가 되기 위해서는 먼저 내 마음의 감정을 알아채야 한다. 자신의 감정을 알고 나서는 타인의 감정을 알아챌 수 있어야 한다. 그래야 타인의 감정을 공감할 수 있고, 이로 인해서 자신의 욕구와 타인의 욕구를 알아채고 상대의 감정과 욕구를 공감할 수 있다. 그러면 타인에 대한 이해와 공감으로 교실에서 쓸데없는 갈등을 줄이고 평화로운 교실을 만들 수 있을 것이다.

2. 내 감정과 네 감정,
내 욕구와 네 욕구 들여다보기

욕구 먼저, 감정은 나중에

아래는 한 학생의 상황이다.

회장, 부회장과 같이 놀고 싶은데 자꾸 날 끼어주지 않는다. 회장, 부회장과 같이 놀고 싶다. 끼워주지 않는 두 명이 밉다. 내 상황이 우울하기도 하다.

위의 사례를 보면 사건이 먼저 발생하고 그것에 의해 감정이 생성된다. 그리고 '밉다', '우울하다'라는 감정이 생긴 이유는 '회장, 부회장과 같이 놀고 싶다'는 욕구 때문이라는 것을 알 수 있다. 항상 욕구가 먼저 생기고 그로 인해 감정이 뒤따른다.

욕구 파악

생활지도 문제로 학생과 이야기를 나눌 때는 학생의 욕구를 파악하는 것이 중요하다. 이러한 문제 상황에서 학생은 자신의 욕구를 파악하는 데 어려움을 겪는다.

쉬는 시간이 되면 학생들은 교사 주변을 둘러쌓고 자신이 하고 싶은 말들을 하곤 한다. 그 중 자신이 하고 싶은 것들에 대한 이야기를 하는 학생이 있으면 그것에 대해 관심을 가져주자. 학생들에게 자신의 욕구를 표현할 수 있는 기회를 주는 것이다. 학생들은 학교생활 중 말로써 교사에게 혹은 일기장 내에 글로써 자신이 하고 싶은 것에 대한 표현을 적극적으로 한다. 일상적인 상황 속 학생들의 욕구 표현은 꽤나 적극적이다. 평소 학생들의 생각을 알아두는 것은 큰 도움이 된다.

하고 싶은 것, 해야 하는 것

학생들은 욕구표현이 적극적이지만 욕구 조절은 쉽게 하지 못한다. 자신이 하고 싶은 것과 해야 하는 것이 있는데 그것들을 어떻게 조절해야 하는지 타협점을 기르는 연습이 필요하다. 예를 들어 평일에 컴퓨터 게임을 하고 싶다면 부모님들은 무조건적인 '안돼'를 말하는 것보단 학생들과 타협점을 생각해보는 것이 필요하다. 교사와 학생 사이에서도 타협이 필요하다. 학생들이 원하는 체육시간, 점심시간, 수업 등을 교사에게 말할 수 있어야 하고, 이런 욕구를 표현할 수 있는 기회가 주어져야 한다.

감정 표현을 다양하게

도덕 수업 중 '나의 감정'을 주제로 수업을 한 적이 있다. 수업 초반 '내가 지금 화가 나는 상황인데, 이 감정을 표현하는 게 좋을까? 참는 게 좋을까?'라는 주제를 가지고 간단한 토론을 하였다. 학생들 대부분은 화를 표현해야 한다고 했다. 화를 표현해서 화가 없어지면 그래도 본전치기는 한 것이다. 하지만 대부분 화를 표현한다고 하여 화가 없어지지 않는다. 학생들 대부분이 자신의 감정 상태를 정확하게 알지 못한 상황에서 화내는 것으로만 표현하고 있기 때문이다.

학급 내에서 실시하는 감정표현 출석부 등을 보게 되면 대부분 '재미있다' '짜증난다' '슬프다' 등 단순한 표현이 대부분이고, 이외의 감정들은 외면 받고 있는 것이 현실이다. 물론 공간적인 제약과 학생들의 그 날 기분을 간단하게 파악하려는 의도는 좋지만, 다양한 감정 표현을 알게 하는 방향에는 제동을 걸게 된다.

학생들의 일기를 읽다 보면 마지막 줄에 등장하는 단골 문구가 있다. 바로 '재미있었다'이다. 학생들 모두가 느낀 감정상태가 정말로 '재미있었다'일까? 감동, 뿌듯함, 편안함, 행복, 신남, 자신감, 만족, 즐거움, 고마움, 기쁨, 용기, 너그러움, 다정함, 활기참 등 더 자세하게 쓸 수 있는 감정 표현은 매우 많다.

학생들이 좀 더 다양한 감정 표현을 알게 하기 위해 우린 감정카드를 활용한다. 단순히 '좋다' '싫다' '슬프다' '기쁘다'를 넘어서 긍정적, 부정적인 감정을 세분화하여 자신의 감정이 어느 정도에 위치하는지를 생각하게 한다. 만약 다양한 감정 상태를 학생들이 알고 있으며 구분할 수 있다면 설령 화가 나더라도 다른 감정으로 순화시키는 것이 자연스러워질 것이다.

3. 과잉 감정 표현과 소극적 감정 표현의 문제

과잉 감정 표현과 소극적 감정 표현은 왜 문제가 될까?
감정에 대해 조금 더 들여다보자

6학년 담임선생님이 화가 나서 찾아오셨다. 회장 선거를 하는데 남학생, 여학생 한 명씩 입후보를 해서 선거 공약 발표 이후에 찬반투표만 하면 되는 상황이었다. 그런데 D가 여학생에게 "니가 뭘 하겠냐?" 비하하는 말을 해서 입후보한 여학생이 울며 출마를 안 한다고 했고 결국 회장 선거를 하지 못했다고 하신다. 학기 초인데 반 분위기를 잡지 못해 회장선거도 하지 못했을 뿐 아니라 담임의 권위가 안 세워져서 많이 속상하신 것 같았다. 문제가 된 D의 자라온 배경을 잘 알고 있던 나는 선생님께 "D가 선생님께 어지간히 관심을 받고 싶었나 봐요." 하고 D에 대해 이야기하자, 담임선생님은 아이의 상황을 어느 정도 이해하시고 본인의 교육철학과는 맞지 않지만 아이와 상호작용하기 위해 애쓰셨다.

D는 그런 아이였다. 사소한 자극에 민감하게 반응하고, 친구들을 비하하는 적대적인 말을 자주 한다. 전학 온 저학년, 처음 보았을 때부터 계속 눈길이 갔다. 손톱과 살을 지속적으로 물어 뜯어서 손톱은 자르지 않아도 되었고, 주변 살은 빨갛게 속살이 보였다. 심한 욕설을 자주 하고, 긴장되어 있고 피해의식도 많았다. 머리가 나쁘지는 않은데 주의집중이 안 되다보니 산만하여 성적이 별로 좋지 않았다. 준비물을

거의 챙겨오지 않았고, 과제물이나 가정통신문을 제 때에 낸 적이 없었다. 옷을 자주 갈아입지 않아 냄새도 나서 여자아이들 뿐 만 아니라 남자 아이들도 은근히 D를 꺼려했다. 몇 년에 걸쳐 담임선생님들은 한결같이 D를 걱정하시며 아이를 변화시키려고 애쓰셨지만 D는 여전히 그런 모습으로 자랐다.

D의 이러한 적대적이고 과잉된 감정 표현은 어디에서 온 걸까? 일단 행동으로 나타나고 있는 어려움은 손톱과 피부 물어뜯기 증상이다. 정신질환의 진단 및 통계 편람-5(DSM; Diagnostic and statistical Manual of Mental Disorder-5)에서는 강박 및 관련 장애에서 관련 증상을 이해해 볼 수 있는데 D의 증상은 불안과 관련이 깊다고 한다.

D는 위로 누나가 셋이고 남동생이 있는 다둥이 가정의 첫 남자아이였다. 손자를 무척이나 기다리던 조부모에게 소황제 대접을 받았다. 하지만 다섯 자녀를 양육하시는 어머니는 권위적이고 바쁜 남편으로 독박 육아에 지치셨고, 처음에 받았던 큰 관심은 남동생이 태어나면서 점차 줄어들었다. 결국 세심한 관심을 받지 못했던 상태에서 초등학교에 입학한 D는 소황제에서 폐위된 분노, 앞으로에 대한 불안과 억눌린 부정적 감정들을 친구에게, 교사에게 그리고 자신에게 뿜어내고 있었던 것이다.

현대 정신분석학자들은 아이가 3세가 되면 이미 '자기'에 대한 기본적인 성격의 틀을 형성하고 그 틀을 가지고 일생을 살아간다고 하였다. '세 살적 버릇 여든 간다.'는 옛 속담의 지혜가 참으로 놀랍다. 성격 형성은 어떤 기질의 아이가 어떤 기질과 성격을 가진 부모와 어떻게 상호작용을 하면서 성장하느냐에 따라 좌우된다. 또한 다자녀 가정의 경우 큰 자녀는 둘째 아이가 태어날 때까지 부모와 어떤 상호작용을 했느냐가 성격 형성의 아주 중요한 계기가 된다.

D는 "할아버지, 할머니, 아빠는 동생만 예뻐하고, 누나들은 나에게 심부름만 시키고, 엄마는 동생 돌보느라 나에게 관심이 없어요. 선생님들은 나를 꾸중만 하시고 친구들은 나를 싫어해요. 그래서 나는 게임을 많이 하는데, 엄마에게 공부 안 한다고 혼나고 아빠가 오시면 엄마가 일러서 주말에 공부 검사를 해요."

집안의 어른들이 D에게만 관심을 기울이다가 남동생이 태어나니 자신은 관심 받지 못한다는 마음이 컸고, 주말에만 오시는 아빠도 D와 마음을 나누기보다는 공부로 관심을 표현하셨던 것 같다. 추후에 부모 상담을 요청하여 어머니께 D가 관심 받고 싶은 마음을 안내해 드렸다. 그리고 아직은 세심한 관심이 필요하니 육아를 분담해서 D에게 좀 더 관심을 기울여주시길, 아빠도 주말에 오시면 공부보다는 같이 놀기 등 정서적 친밀감을 쌓을 것을 권해 드렸다. 아빠도 수용하셔서 주중에 한 번 더 집에 오시기로 하셨다. D는 그 이후 손톱 물어뜯는 행동이 사라졌고 선생님들의 걱정과 불만도 어느덧 들리지 않게 되었다. 여전히 꾀죄죄하고 음식 국물 흘린 옷을 며칠씩 입고 오기는 했지만.

E는 2학년 여학생으로 보건실 단골손님이다. 주 증상은 배가 아픈 것이고, 머리만 아픈 날도 있고, 머리와 배가 둘 다 아픈 날도 있다. 하루에도 몇 번씩 들락거리는데, 주로 수업 시간에 느리적 느리적 '어서 수업 시간이 지나갔으면' 하는 발걸음으로 다녀온다. 수업 시간에는 모둠 수업에 잘 참여하지 않고 물러 앉아 있고, 쉬는 시간에는 주로 혼자서 캐릭터 그림을 그린다. 반에는 친한 아이가 없다. 1학년에 실시한 정서행동특성검사 결과에서도 점수가 높게 나왔고, 2학년 때는 부모에 의해서 상담 의뢰되었다. 위클래스에서는 주로 모래놀이 치료를 하였다. 그림 검사에서는 머리를 귀신처럼 앞으로 늘어뜨린 얼굴이 없는 그

림을 그리고, 수업시간에는 옆으로 누워있기까지 할 정도로 무기력하다. 학습태도가 이러니 학습능력은 또래보다 현저히 떨어지는 상태다. 어린 E에게 어떤 일이 있었던 걸까?

E는 1학년 때 엄마와 아빠가 이혼을 하시고 지금은 아빠랑 살고 있었다. 한 번은 '엄마가 오늘 학교 마칠 때 온다'고 자랑하며 친구와 같이 한참을 교문 앞에서 기다리기도 했다. 한참 동안 서 있는 아이들을 보신 지킴이 선생님이 연락을 하셔서 담임선생님이 내려가서 확인 후 집으로 돌려보내셨다고 한다. 다음 날에는 여지없이 배가 아프고 머리가 아파서 보건실에 몇 번이나 들락거렸다.

E의 이와 같은 증상을 신체화 증상이라고 한다. 정서(감정)는 기본적으로 신경생리학적 변화를 수반하기 때문에 정서표현을 억누르는 것은 자율신경계의 활동을 증가시키고 자율신경계의 만성적인 각성상태는 심리적, 신체적 질환과 연결된다고 한다. 따라서 정서표현을 억압하는 것은 심리적 부적응은 물론, 다양한 신체적 병과도 관계가 있다. E는 이유도 모르고 주양육자인 엄마가 오빠와 같이 떠나고 전혀 새롭고 낯선 환경인 아빠와 둘이서 살게 되었다고 한다. 늘 엄마를 비난하는 할머니와 자주 접하면서 매우 높은 불안과 공포, 심한 스트레스를 받았을 것이다. 그러나 E의 이런 부정적 감정들은 전혀 공감 받지 못하고 무시되거나 억압되어서, 학교에 오면 머리와 배가 아픈 신체화 증상으로 나타났을 것이다.

E는 긴 시간 동안 모래놀이 치료를 받았다. 엄마랑 알 수 없는 이유로 갑자기 헤어지고, 마음 둘 데 없는 외로운 마음을 많이 표현했고, 치료사와 깊이 있는 라포(상담이나 교육을 전제로 신뢰와 친근감으로 이루어진 관계)를 형성하였다. 따뜻한 담임선생님들이 늘 옆에 계셨고, 아빠도 아이에게 관심과 애정을 많이 기울이셔서 E는 점차 밝고 따뜻한 세

상으로 나올 수 있었다. 배와 머리가 아픈 증세는 다 사라졌고, 다행히 단짝 친구도 만나서 여느 아이와 다름없이 투정도 하고 핸드폰에 매달리는 평범한 아이가 되었다.

4. 감정과 욕구를 효과적으로 표현하는 방법
나-전달법의 중요성

공감을 받아 본 아이가 다른 사람에게도 공감을 해줄 수 있다. 마찬가지로 감정과 욕구를 표현할 줄 아는 양육자와 함께 자란 아이와 그렇지 않은 양육자를 경험한 아이들 간에는 감정 표현의 여부, 방법 차이가 상당히 크다. 특히 저학년 아이들은 자신을 표현하는 것에 '굉장히' 미숙한 경우가 많다. 다음의 아이들이 감정과 욕구를 효과적으로 표현하고 있는 것인지 살펴보자.

A는 초등학교 2학년 남학생이다. 친구들과 노는 것을 굉장히 좋아하여 교사가 볼 때마다 친구와 장난을 하고 있다. 다만 장난이 지나쳐 친구들이 지적하면 예고 없이 친구들을 때리는 돌발행동을 한다.

B는 초등학교 1학년 여학생이다. 수업 태도가 어른이라고 해도 될 만큼 굉장히 바르고 집중을 잘하는 아이이다. 친구들과 온순하게 잘 놀고 급식까지 골고루 잘 먹는 모범 학생이지만 가끔 학부모에게 아이가 집에 와서 친구들 때문에 힘들다며 운다는 전화가 온다.

C는 초등학교 3학년 남학생이다. 교사의 모든 발문(스스로 다양한 사고를 하면서 답을 찾을 수 있도록 유도하는 질문)에 먼저 손을 들고 대답할 만큼 수업 시간에 적극적으로 참여한다. 쉬는 시간에도 다음 시간의 교과서를 미리 펴 놓는 등 수업 태도에서는 나무랄 점이 없는 학생이지

만 다른 학생들과 이야기를 하거나 노는 모습은 거의 보이지 않는다.

이 아이들과 일주일을 함께 한다면 눈에 바로 띄는 문제 학생은 A일 것이다. 그러나 1년 동안 한 공간에서 함께 생활하다 보면 생각이 달라진다. 담임교사로서 보는 A~C는 모두 감정과 욕구 표현이 서투른 학생들이다. 자신이 느끼는 많은 감정을 표현하지 못하고 속으로 삭이는 아이들은 답답한 마음을 갑작스런 울분, 폭력으로 표현하기도 하고, 또는 의지하는 상대인 부모나 교사에게만 털어놓으며 나의 감정을 누군가 해소시켜 주기를 바란다.

나 – 전달법의 현장 도입, 실제로 사용되는 일

최근의 초등학교 현장에서는 이렇게 감정 표현에 미숙한 아이들이 많아진 것을 절감하고, 효과적인 의사 표현 방법인 '나 – 전달법'을 도입하여 아이들을 가르치는 교사들이 많다. 나 – 전달법의 핵심은 '나'를 주어로 말하는 것이다. 너의 행동이 좋다, 나쁘다고 평가하여 전달하는 것이 아니라, '지금 나의 마음과 생각이 어떻다'라고 말하는 것이다.

나 – 전달법의 중요 요소는 보고 들은 그대로 가감없이 서술하는 것이다. 즉 '평가'와 '관찰'을 구별하는 것이다. '관찰'은 보고 듣는 그대로 판단이나 추측, 선입견 등의 평가를 섞지 않고 사실만을 표현하는 것을 말한다.

복도를 신나게 달리다 친구와 부딪쳐 넘어진 아이는 본인 스스로도 충분히 아프고 놀란 상태이다. 이러한 상황에서 "왜 사과하지 않니, 너는 나쁜 아이야." 등의 표현을 한다면 곱게 들릴 리 없다. 대화에 부정적인 평가가 섞이면 상대는 비판으로 받아들여 방어하고 거부감이 들기 때문이다. "네가 갑자기 부딪쳐서 많이 아팠어."라고 표현하면 아이는 사실을 인정하고 그대로 받아들이게 된다.

평가나 판단이 섞인 표현	순수한 관찰 표현
나를 괴롭히지 마.	내 머리에 지우개 가루를 뿌리지 마.
너는 나빠.	나에게 부딪친 후 사과하지 않았어.
○○이는 나랑 안 놀아줘요.	○○이가 나의 말을 듣고 대답하지 않았어요.

– 김명신 외(2011)를 참고하여 변형함.

다툴 때 나-전달법 사용 사례

초등학교 교실의 쉬는 시간을 들여다보면 서로 다퉈 교사에게 찾아오는 아이들이 매일 매시간마다 등장하기 마련이다. 다음의 대화를 듣고 생각해보자.

A   선생님, B가 제 말을 자꾸 무시해요. 기분 나빠요. 혼내주세요.

B   아니에요. 무시한 적 없어요. A가 제가 나쁘다며 친구들한테 제 흉을 봐요. 저도 기분 나빠요.

어떤 교사들은 이런 경우 쉬는 시간 10분 안에 빨리 화해시키기 위해 A학생과 B학생의 잘못한 점을 논리적으로 설명하며 본인의 명쾌한 정리를 들었으니 빨리 서로 사과하고 자리에 앉으라고 한다. A와 B는 감정이 상하여 해결해 달라고 교사를 찾았는데 선생님께 되려 혼이 난 것만 같아 자리에 앉아서도 분이 풀리지 않을 것이다. 결국 두 학생은 다른 이유가 생기면 다시 싸울 가능성이 높고, 다시 싸우더라도 어차피 선생님은 둘 다 잘못했으니 화해하라고 나무랄 것이기 때문에 교사에게 말하지 않고 유야무야 넘어가게 될지도 모른다. 여러 번 넘어간 작은 다툼은 결국 아이를 제대로 의사소통하지 못하는 아이로 만들 것이다.

위의 교실에서 A와 B에게 '나 – 전달법'을 지도해 본다면 교실 풍경은 많이 달라질 것이다.

교사 (상황 설명을 들은 후) 둘 다 속이 많이 상해서 선생님을 찾아왔구나. '나 – 전달법'을 사용하여 먼저 말해볼 친구는 없을까?

A 제가 먼저 말할게요. B야. 나는 네가 내 말을 듣고도 대답하지 않아서 기분이 나빴어. 나를 무시하지 않았으면 좋겠어.

교사 A의 말을 들으니 B가 A의 말을 잘 듣지 못했나 보구나. A에게 B가 해 줄 수 있는 말은 없을까?

B 내가 너의 말을 듣지 못해서 대답을 하지 못해 미안해. 앞으로는 그러지 않도록 할게.

교사 B가 일부러 A의 말을 무시한 것은 아닐 것이라 믿어. 하지만 A가 속상해하니 앞으로는 대답을 잘 해주면 좋겠어. 이번엔 B가 할 말이 있니?

B A야. 나는 네가 친구들에게 내 흉을 봐서 기분이 속상했어. 친구들에게 내 욕을 하지 말아줘.

교사 B의 말을 듣고 A는 어떤 대답을 해 줄 수 있을까?

A 내가 친구들에게 너를 나쁘다고 흉봐서 미안해. 앞으로는 속상해도 너의 흉을 보지 않을게.

교사 두 사람이 의젓하게 '나 – 전달법'으로 의사를 표현하고, 사과를 스스로 해주어 너무 고맙다. 앞으로도 사이좋게 지내길 바란다.

'나－전달법'과 함께하는 쉬는 시간의 모습은 위와 같이 퍽 다르다. 교사는 말하고 평가하지 않으며 아이들의 의견을 듣고 존중한다. 아이들은 사과를 강요받지 않아 기분이 나쁘지 않고, 누구도 혼난 기분이 없이 자신의 마음을 전달하며 사과받을 수 있다. '나－전달법'이 익숙하지 않은 아이들이라 하더라도 몇 번의 연습으로 익숙해지면 교사에게 나오기도 전에 서로의 감정을 보다 성숙하게 다독일 수 있을 것이다.

인터넷 사용으로 표현의 방법을 왜곡시켜 배우는 아이들

요즘 아이들은 만나서 놀 때에도 눈을 마주치며 대화하는 대신 함께 게임 창을 켜 놓고 게임 세상에서 대화한다. 고무줄 놀이를 하며, 술래잡기를 하며 다른 사람과 끊임없이 다투고, 화해해 온 이전의 세대보다 당연히 의사소통에 서툴 수밖에 없다. 그러나 이전 세대인 우리는 살며 경험한 내용을 기록하고 발전시켜 효과적인 의사소통 방법을 가르칠 수 있게 되었다. 교실에서 고군분투하며 하루에도 몇 번씩 천국과 지옥을 오르락내리락하는 선생님부터 '나－전달법'을 통해 솔직하게 아이들과 대화 나누는 하루를 만들어 보면 어떨까?

5. 공감 수업 사례

1) 독서 치료 수업

일반적으로 초등 저학년은 공감과 정서 이해의 폭이 확대되어 공감 능력이 높아짐에 따라 상대방의 입장이 되어 생각해 보고 감정을 느낄 수 있게 되며, 약한 친구를 보호하고 지지해줄 수 있는 능력을 갖추게 된다.

공감이 있는 대화를 하기 위해서는 그림책을 활용하여 공감의 상황을 활용하는 것이 효과적이다. 그림책을 교사가 읽어주거나 학생들이 협력하여 읽을 수도 있다. 동화구연은 아니므로 부담 없이 읽도록 한다. 내용에 따라 읽는 중간중간 핵심 질문을 제시하여 책 내용을 확인하고 학생의 도덕적 경험을 함께 공유하며 읽는 것이 좋다. 상대방의 이야기에 공감하면서 경청하고 자신의 생각과 다른 생각도 수용하고 존중하도록 한다.

다음에서 사례로 제시하는 독서 치료 수업은 초등학교 1학년 22명(남 12명, 여 10명)의 학생을 대상으로 진행하였다. 대상 학생들은 이제 막 초등학교에 입학하여 초등학생보다는 유치원생에 더 가까운 어린 학생들이다. 발달 단계상 자기중심적 사고를 하고 주변 상황을 면밀하게 파악하는 데 미숙하며 영유아기에 형성되어야 할 도덕성이 적절하게 형성되어 있다고 보여진다. 새로운 학교 및 아동기에 적합한 인지 및 행동 발달을 돕고 학교생활 규칙과 질서 준수 습관 형성에 주안점을 둔 프로그램을 구상하던 중 독서 치료 수업을 적용하였다.

공감 수업: 독서 치료 수업

목표
나와 다른 특징을 가진 사람의 입장에 공감하는 마음을 가진다.

관련교과
국어, 창의적체험활동

준비물
그림책(아나톨의 작은 냄비), 그림 인형(전학 온 영대)

단계
진행 절차 및 방법

도입 (5분)
[활동] '아나톨의 작은 냄비' 그림책 읽기
- 표지의 그림을 보고 내용을 상상해 보기
- 그림책을 같이 읽어보기

[활동 1] 그림책을 읽고 공감한 내용을 친구들과 나누기
- 아나톨의 작은 냄비는 무엇을 뜻하는 것일지 생각해보기
- 내가 아나톨이라면 어떻게 했을지 이야기 나누기
- 아나톨의 작은 냄비 같이 특별한 점이 있는 친구들을 만난 경험을 이야기해 보기
- 아나톨과 작은 냄비와 같은 특별한 친구를 대할 때 나의 마음이 어땠는지 이야기하기

[활동 2] 특별한 친구를 대할 때의 감정을 친구들과 이야기 나누기
- 특별한 친구를 대할 때의 감정을 나타낼 수 있는 감정 카드를 고르기
- 나와 비슷한 감정을 고른 친구들과 이야기 나누기
- 나와 감정이 같을 수도 다를 수도 있는 친구들 앞에서 나의 감정을 말하고, 경청하기

[활동 3] '전학 온 영대'의 마음 공감하기
- 아나톨과 비슷한 가상인물(전학생 영대)의 특징 소개하기
- 영대가 들었던 상처가 되는 말 한 마디 한 마디에 영대 그림 인형을 구기며 영대의 마음 생각해보기
- 영대에게 해주고 싶은 위로와 격려의 말을 한 마디씩 돌아가며 하고, 할 때마다 구겨진 영대 그림 인형을 조금씩 펴주기

마무리 (5분)

다 펴도 주름 자국은 남은 영대의 그림 인형을 보고 생각 나누기
"주름이 남아서 속상해요."
"나쁜 말로 영대를 구겨서 미안해요."

수업 후 소감 나누기
"놀 때 친구가 끼워달라고 하면 잘 끼워줄 거예요."
"화가 나면 친구에게 말로 제 마음을 표현할 수 있어요."

2) 신뢰서클 수업

서클은 회복적 생활교육에서 관계를 쌓고 유지하기 위한, 때로는 문제를 해결하기 위한 도구로 사용되는 기법 중 하나이다. 서클에는 다양한 종류가 있지만 나는 주로 신뢰서클과 갈등해결서클(문제해결서클이라고도 함)을 많이 활용한다. 신뢰서클을 하면 각자의 생각과 관심사를 공유하며 관계의 친밀도를 높이고 서로의 다름에 대해 이해할 수 있는 폭이 넓어진다. 갈등해결서클은 반에서 생긴 갈등 상황이 많은 사람에게 영향을 끼쳤거나 함께 논의하여 해결할 문제가 있을 때 활용한다. 나는 아이들에게 설명하기 쉽게 서클을 '동그라미 모임'으로 바꾸어 운영하고 있다.

3학년 동그라미 모임(신뢰서클)

한 학기를 마무리하며 아이들과 처음 동그라미 모임을 했다. 아이들이 칠판에 다음날 시간표 자석(국어, 수학과 같은)을 붙일 때 동그라미 모임 자석을 발견했다. 그리고 그때부터 그것에 대해 궁금해 하고 질문했는데 코로나 상황과 올해 아이들 특성(에너지가 굉장히 넘친다.)을 생각했을 때 시도하는 것이 꺼려져 다른 방법으로 의견을 나누는 시간을 가져왔다. 하지만 학기를 마무리하며 한 번쯤 시도는 해봐야겠다는 생각이 들어 오랜만에 동그라미 모임을 준비했다.

▶ 동그라미 모임 준비

아이들에게 너희가 그동안 궁금해하던 동그라미 모임을 할 거라고 이야기했다. 그게 뭔지도 모르면서 환호하며 좋아하는 아이들을 보니 너무 사랑스러웠다. 의자는 두고 책상을 교실 가장자리로 밀도록 하고 의자로는 동그라미를 만들어 앉으라고 했다. 누가 말한 것도 아닌데 아이들은 자신들이 친한 친구들과 앉으려고 의자를 이리저리 움직였다. 교사인 나의 자리도 마련했다. 처음 코로나19 예방 가림판이 없이 둘러앉았는데 어색함과 설렘이 공존한다.

▶ 동그라미 놀이

대화를 시작하기 전에 항상 간단한 놀이를 한다. 둥글게 둘러앉았기 때문에 할 수 있는 놀이들이 많이 있다. 오늘의 놀이는 '무슨 과일 좋아해?' 놀이. 내가 이름을 바꾸었을 뿐 과일바구니, 샐러드볼로 많이 알려진 놀이이다. 아이들이 좋아하는 과일을 발표하도록 하여 칠판에 4개의 과일을 적었다. 딸기, 체리, 망고, 복숭아. 우리 아이들다운 과일이다. 교사가 돌아가며 아이들의 과일을 정해준다. 자신에게 정해진 과일이 마음에 들면 "앗싸!", 마음에 들지 않으면 "으악!"이라고 바로바로 반응하는 아이들. 좋아하는 친구와 같은 과일이 되면 좋아하는 아이들. 아이들은 참 단순하고 귀엽다. 모두가 자신의 과일을 정하고 나면 의자를 하나 빼고 술래가 가운데 선다. 나머지 사람들이 "무슨 과일 좋아해?"라고 질문하면 술래는 4가지 과일을 1~2개 말하거나 "과일바구니!"라고 한다. 그러면 그 과일에 해당하는 사람들끼리 자리를 바꾸고 술래 또한 빈 의자에 앉아야 하는 놀이이다. 역시나 일부러 의자에 앉지 않으려고 하는 아이들이 속출한다. 참 관심 받는 것을 좋아하는 우리 반 아이들. 이런 현상을 방지하기 위해 한 번도 술래가 되지 않은 아이들을 위한 보상을 게임이 끝난 뒤 지급하는 것도 좋다. 가장 마지막 술래가 된 아이는 벌칙으로 노래를 부르기로 했다. 음악 시간에 배운 '에이아 마코' 노래를 부르는데 술래보다 더 크게 노래를 부르는 다른 아이들. 이게 벌칙인지 아닌지 모두 즐겁게 놀이가 마무리되었다.

▶ 동그라미 모임 규칙 설명

이런 놀이를 하는 이유는 아이스 브레이킹과 즐거움의 목적도 있지만 친한 친구들하고 같이 앉은 아이들의 자리를 무작위로 바꾸는 데도 있다. 놀이의 여운이 아직 가시지 않아 들떠있는 아이들을 진정시킨 뒤 동그라미 모임의 규칙을 이야기했다. 이 모임은 서로에 대해 알아가기 위해, 자신의 생각을 지혜롭게 말하는 것을 연습하기 위해 하는 것이며, 모두가 안전하게 말할 수 있는 공간을 위해 지켜야할 규칙이 네 가지가 있음을 안내했다.

첫 번째 규칙은 마법봉(토킹피스)이 있는 사람만 말할 수 있다는 것, 두 번째 규칙은 마법봉을 가지지 않은 사람은 무조건 경청하고 수용해야 한다는 것이다. 신뢰서클에서 경청이 빠지면 진실한 이야기는 나올 수 없다. 그래서 두 번째 규칙을 강조하고 또 강조했다. 경청은 그냥 귀만 열어두는 것이 아니고 눈과 온 마음을 말하는 사람에게 가져가는 것임을 설명했다. 그리고 느꼈다. 아이들의 눈과 귀, 온 마음이 이미 나에게 향해 있음을. 세 번째 규칙은 동그라미 모임이 끝날 때까지 자리를 이동하면 안 된다는 것이다. 그래서 동그라미 모임을 하는 날은 쉬는 시간에 미리 화장실을 꼭 다녀오도록 안내했다. 마지막으로 동그라미 모임에서 나오는 어떤 이야기도 밖에서 이야기하지 말 것! 비밀유지의 규칙이다. 의미 없이 피상적인 이야기만 나누는 서클을 지속하고 싶지 않다면 이 규칙은 모든 구성원이 반드시 지켜야 한다. 경험상 매번 규칙을 설명하지만 100% 완벽하게 지켜지는 경우는 없다. 알아도 행동으로 보이는 것이 어려운 아이들이니 인내로 기다려 주어야 한다.

▶ 여는 질문 〈지금 나의 기분을 손가락으로 1~5점까지 표현하고 돌아가며 이유 말하기〉

대체로 서클을 여는 질문으로 현재 마음 상태에 대해 표현할 기회를 준다. 아이들은 저마다 손가락으로 자신의 기분 점수를 표현했다. 그리고 돌아가면서 그 점수에 대한 이유를 말했다. 같은 이유라도 손가락 점수가 다른 아이들, 큰 이유가 없는 아이들, 방학을 해서 학교에 못 나와서 기쁜 아이들과 슬픈 아이들까지 어느 아이 하나 똑같이 상황을 보고 똑같은 감정을 느끼는 법이 없다. 아이들도 서로가 이렇게나 다름을 어렴풋이 느낄 것이다.

▶ 서로 알기 질문 〈방학 동안 꼭 먹을 음식 1~2가지〉

여는 질문 뒤에는 보통 2~3가지의 본 질문이 이어진다. 그날 우리에게는 많은 시간이 주어지지 않았기 때문에 간단한 질문 한 가지만 준비했다. 누구나 부담 없이 대답할 수 있으며 최대한의 공감을 이끌어 낼 수 있는 음식이라는 주제를 다루기로 했다. 그 많은 음식들 중 1~2가지를 고르려니 머리가 복잡한지 입을 삐죽삐죽하는 아이, 머리를 싸매는 아이들이 보인다. 햄릿이 했던 죽느냐 사느냐의 고민보다 더 어려운 고민을 하고 있는 것 같아 웃음이 났다. 그렇게 고심 끝에 결정한 음식들을 돌아가며 이야기하니 여기저기서 공감의 탄성이 터져 나왔다. 개중에는 '이제 10살이 그런 음식도 먹어?' 하는 음식들도 있었다. 음식이 아니라도 기호에 대한 질문은 서클에서 가장 편하게 사용할 수 있는 주제라 질문을 구성할 때 1~2개씩 넣어두면 좋다.

▶ 닫는 질문 대신 학기를 마무리하는 1234인사

우리 반에는 우리 반만의 인사법이 있다. 많은 선생님들이 하고 계신 학급인사를 내 스타일로 바꾸어 보았다. 1234인사인데 1은 주먹 인사, 2는 하트인사, 3은 하이파이브, 4는 포옹이다. 아이들은 아침에 올 때,

집에 갈 때 나와 두 번 일대일 인사를 한다. 그날은 1학기를 마무리하는 방학식이었기 때문에 마지막 질문으로 1234 인사 중 무슨 인사를 할 것 인지 한 명 한 명 돌아가며 묻고 그 자리에서 바로 인사를 했다. 학기 중에는 아이들이 자신의 기분에 따라 다양한 인사들을 선택하는데 유독 그날은 4번 포옹이 많았다. 평소 4번을 절대 하지 않는 아이들도 4번을 선택하여 아주 포옹포옹 사랑이 넘치게 1학기를 마무리했다.

5학년 동그라미 모임(갈등해결서클)

학기 초부터 매주 금요일 마지막 시간은 동그라미 모임을 한다는 것은 우리 반 모두가 알고 있는 사실이다. 급하게 일정이 바뀌어 못하게 되면 "선생님, 이번 주 동그라미 모임 안 해요?" 하고 질문하는 아이들이 많다. 아이들이 동그라미 모임을 너무 좋아한다고 해서 모임의 진행과 운영이 쉬운 것은 아니다. 동그라미 모임을 기다리는 이유가 교과서로 수업을 안 하기 때문인 아이들이 여전히 많기 때문이다. 그리고 내가 말하지 않는 시간에는 다른 20명의 이야기에 경청을 해야 하는 규칙이 있다. 대략 10명의 아이들이 동그라미 모임 내내 몸을 배배꼬거나 옆 사람과 끊임없이 속닥거린다. 다른 사람이 이야기할 때 어떤 말도 덧붙이지 않는 것 또한 규칙인데 머리로는 알지만 몸이 자동 반응을 보이는 3~4명의 아이들이 있다. 이 모임이 의미가 있을까, 그만두고 싶을 때가 10번 중 10번이지만 그럼에도 이 모임을 통해 기대하는 것이 있기 때문에 꿋꿋하게 하고 있다.

이 날은 중간놀이 시간에 생긴 갈등 상황을 함께 이야기하는 갈등해결서클을 운영했다. 여러 명의 아이들이 갈등 상황에 얽혀 있었고 자칫하면 다칠 수 있는 위험한 상황이었다. 그 피해가 다른 아이들에게도 미쳤기 때문에 함께 이야기해 봐야겠다는 생각이 들었다. 갈등의 주축이 된 아이와 개인 상담 후 이 일에 대해 반 친구들과 함께 이야기 할 것이라고 했고 아이도 그 의견에 동의했다.

▶ 동그라미 모임 준비

아이들에게 음악 대신 동그라미 모임을 하겠다고 이야기했다. 아이들은 신속하게 의자와 책상을 동그라미 모임 대형으로 바꾸었다. 그리고 이야기를 할 준비를 했다. 여느 때 같았으면 벌써부터 소란스럽고 친구들과 장난을 했을 우리 아이들이지만 오늘은 왜 이 모임을 하게 되었는지 어느 정도 눈치챘는지 동그랗게 둘러 앉아 조용히 나의 진행을 기다렸다.

▶ 동그라미 규칙 확인

늘 하는 여는 의식, 놀이는 생략하고 바로 규칙을 간단하게 언급했다. 서클을 할 때마다 규칙을 반복적으로 알려주는 것이다. 이미 알고 있는 규칙이지만 한 번 더 말함으로 서클에 더 진지하게 참여하는 마음을 가지게 한다.

▶ 갈등 상황에 대한 이야기 나누기

첫 번째, 무슨 일이 있었니?

모든 아이들이 돌아가면서 자신의 입장에서 중간놀이 시간에 생긴 일에 대해 이야기를 하는 시간을 가졌다. 아이들은 각자 돌아가면서 자신의 관점에서 어떤 일이 생겼는지 그 일로 어떤 기분이 들었는지 이야기를 했다. 누구하나 끼어들어 "야, 그거 아니잖아!" 하는 아이가 없었다. 아이들은 서클에서 다른 사람이 말할 때는 어떤 언어적 피드백도 하지 않고 경청해야 함을 잘 알고 있었다. 그냥 '저 친구는 그렇게 바라봤구나.' 하고 이해하는 것이 느껴졌다. 그동안 서클을 운영하면서 집중하지 않고 장난만 치는 아이들로 인해 힘들 때마다 '이거 해서 뭐하나. 이게 다 무슨 소용이지.' 하는 생각을 했는데, 아이들은 아이들 나름대로 배우고 성장하고 있었다.

두 번째, 이 일이 나에게 어떤 영향을 주었니?

다시 돌아가면서 중간놀이 시간의 갈등이 나에게 어떤 영향을 끼쳤는지 이야기했다. 갈등에 직접적으로 개입한 아이들부터 멀리 떨어져 그 상황을 지켜보던 아이, 화장실을 다녀와서 아무것도 모르는 아이, 그리고 교사인 나까지 각자의 속사정을 이야기했다.

세 번째, (갈등의 원인을 제공한 아이에게) 이 일이 친구들에게 어떤 영향을 주었는지 이야기해 줄래?

자신의 행동이 교실에 있는 모든 사람들에게 영향을 주었음을 깨닫고 깨달은 바를 진솔하게 이야기했다. 그렇지만 교실의 누구하나 그 아이를 비난하지 않았다.

▶ 창조적 대안탐색과 동의 〈이런 일이 생기지 않기 위해 내가 할 수 있는 일이 무엇일까?〉

모두가 돌아가면서 이런 일이 다시 생기지 않기 위해 본인이 할 수 있는 것들에 대해 이야기를 했다. 각자가 할 수 있는 일들을 소소하게 나누며 교실의 모두가 이 일에 대한 책임을 조금씩 나누어 가졌다.

이 단계를 돌아보며 아쉬웠던 것은 피해를 입은 아이에게 제대로 된 초점을 두지 않은 것이다. 그 아이가 얼마나 힘들었는지 어떤 피해를 입었는지에 대해 좀 더 이야기 할 수 있도록 하고, 피해회복을 위해 우리가 무엇을 도와주길 바라는지 물어봤어야 했다.

▶ 닫는 질문 〈서클을 하고 난 소감이 어떠니?〉

평소와 달리 조금은 무거운 서클이었다. 하지만 아이들은 남의 일이라 생각했던 갈등 상황이 나에게도 영향을 줄 수 있음을, 내 일이라 생각하며 나만 기분 나쁠 거라 생각했던 일이 많은 사람에게 다양한 영향을 끼침을 깨달았다. 이런 동그라미 모임을 하지 않으려면 갈등 상황을 만들지 않아야겠다고 생각한 아이들도 있지만, 아마 자신들이 갈등 상황에 놓이게 되어도 비난받지 않고 이렇게 문제를 해결해 나갈 수 있을 거라는 기대와 안도를 하는 아이들도 있었을 거라 생각한다.

빡빡한 교과 진도와 학사 일정 속에서 꾸준히 서클을 운영하는 것은 쉽지 않다. 하지만 그 꾸준함이 알게 모르게 교실 속 관계에 스며들어 같은 공간 속 '완벽한 타인'인 우리를 '조금 모자란 지인'으로 만들어 줄 수 있다. 그리고 우리는 타인보다 지인에게 조금 더 관대할 수 있다.

3) 생태 치유 수업

올해 3학년 아이들을 맡았다. 아이들과 단순히 이야기를 많이 나누고 추억을 쌓고 싶다는 생각에서 시작한 텃밭 활동이다. 아직 교직 경력이 많지 않아 텃밭 활동에 대한 막연한 로망을 가지고 있었다. 시작 전 텃밭 활동에 관한 많은 염려와 걱정이 되기도 하였다. 개인 교실 텃밭이 아니라 공개적인 장소에 마련된 것이기 때문인지, 이게 나의 또 다른 일거리가 되어 버리는 건 아닌지 고민했지만 정말 단순히 아이들에게 선물해 주고 싶은 추억이기에 텃밭 활동을 신청하게 되었다.

손으로 직접 흙을 만지고 무언가 정성을 다하여 키워본 경험이 적은 요즘 아이들에게 신선한 경험을 안겨줄 수 있어 결과적으로 이 수업이 너무 좋았다. 흙을 만질 때 아이들의 반짝거리는 눈빛, 처음 식물을 주었을 때 고사리만 한 작은 손으로 소중히 받는 아이들, 매일 점심만 먹고 나면 화단으로 쪼르르 달려가 각자의 식물에 물을 주며 행복해하던 모습, 식물에 들려주면 좋은 노래를 찾아왔다고 쉬는 시간에 내려가 들려주고 와도 되냐고 묻던 아이의 상기된 얼굴 등등 이런 작지만 소중한 추억을 어찌 말로 다 할 수 있을까. 내가 아닌 어떤 생명을 키우고 자라게 한다는 사실 자체가 아이들에게는 큰 의미일 것이다. 초점이 나에게서 내가 아닌 다른 존재로 옮겨져 나로 인해 어떤 생명이 보호받고 자란다는 사실에 아이들은 조금씩 내가 아닌 어떤 존재에게 마음을 열지 않을까 하는 생각이 들었다. 백번의 말보다 직접 자신이 체험하고 손끝으로 느끼고 어떻게 하면 더욱 잘 자라게 할 수 있을지 고민하는 그런 실제적인 과정이 아이들에게는 너무나 필요하다.

여러 작물을 다양하게 심어놓고 집에 가져가면 정말 좋지 않을까 하는 생각에 욕심 같아서는 이것저것 모두 해보고 싶은 마음이었다. 하지만 아직 3학년 아이들이고 열매를 모든 아이가 맛보았으면 하는 마음에 토마토와 상추를 주문하였고 가지와 고추도 두 모종씩 구매하였다. 모둠별로 토마토 모종 1본, 상추 모종 1본을 키우기로 했는데 이 말을 듣자마자 아이들은 이름을 지어주고 싶어 했다. 김춘수 시인이 쓴 〈꽃〉이라는 시의 한 구절이 생각났다. "내가 그의 이름을 불러 주기 전에는 그는 다만 하나의 몸짓에 지나지 않았다. 내가 그의 이름을 불러 주었을 때 그는 나에게로 와서 꽃이 되었다." 아이들이 이름을 붙여 주었을 때 토마토와 상추는 단지 식물이 아니라 우리의 한 가족이 되었다. 모둠별로 토마토와 상추의 이름을 토의하고 선정해 팻말을 만들기 시작하였다. 톡톡 튀는 아이들의 생각에 놀라고 즐거웠다.

아이들도 어떤 대상에 이름을 붙이며 우리에게 온 생명을 더욱 소중히 의미 있게 여기게 되었다.

3~4명 정도가 한 모둠으로 구성되었고 돌아가면서 물주는 당번과 열매를 따는 순서를 정했다. 처음에는 삽을 모둠별로 주었는데 흙을 너무 만지는 걸 좋아해서 매일 삽으로 식물 뿌리 부분을 엎고 다시 덮고를 반복해 고민이었다. 흙을 만지는 그 순간의 경험을 아이들은 더

〈 토마토와 상추를 기르는 모습 〉

욱 사랑했던 것도 같다. 한 아이에게 물었더니 "흙을 만지면 마음이 편안해져요. 다른 생각이 안 나서 좋아요."라고 했다. 우리도 어떤 힘든 일이 있을 땐 아무 생각도 들지 않는 어떤 일에 몰두하면 마음이 진정되는 것처럼 아이들에게도 이런 것들이 필요하다. 요새 아이들 사이에서 슬라임이 유행하는데 나의 눈으로 보기엔 느낌도 이상하고 책상에 자꾸 묻어 교실에서 슬라임을 금지했었다. 아이들도 나와 같은 동격의 인격체로 봐줄 필요가 있다. 슬라임이 아닌 흙을 만지며 여러 고민과 걱정들을 덜어낼 기회를 많이 만들어주고 싶다.

토마토가 자라며 지지대를 덧대주고 토마토의 노란 꽃이 열리고 열매를 맺는 과정을 아이들과 함께 보며 너무나 신기하고 놀라웠다. 새끼손톱만 했던 초록색 토마토 열매가 점점 커지고 빨갛게 익어가는 과정을 함께 하며 아이들과 닮았다는 생각이 들었다. 3월 초 아직 2학년 티가 묻어있던 아이들은 하루가 다르게 키도 자라고 생각도 깊어지고 있음을 매 순간 느낀다. 내가 과정에 함께하고 있다는 사실이 감격스럽고 감사할 뿐이다.

4) 영화 치료 수업

사춘기를 겪는 학생들은 부모와의 갈등과 문제로 정말 소중한 사람에게 함부로 말하고 함부로 대하며 서로의 마음에 상처를 주기도 하고 받기도 하며 하루하루를 보내고 있다. 초등학교 6학년 학생을 대상으로 과학수업을 하면서 아이들이 처한 현실의 삶에서 긍정의 눈으로 바라보고 내 옆에 있는, 지금 여기 나와 함께하는 사람들에 대한 소중함을 일깨워 주고 싶었다. 좋은 영화는 한 권의 감동적인 인기 상품을 읽은 것처럼 재미와 감동을 남긴다. 마침 과학극장에 영화 〈업UP!〉 내용이 편집되어 있어서 학생들에게 과학수업을 한 후 편집된 영화를 함께 시청하며 간접적으로 관계 역동의 변화를 관찰할 수 있었다. 누구나 영화를 보면 주인공의 말과 행동에 몰입하며 자신의 내면과 쉽게 감정이 이입되고 감정의 정화와 심리적 고양감을 경험하게 된다. 특히 청소년들은 심리적 격동기를 겪고 있으며 성장 단계에 따라 치유 경험이 절실히 필요한데, 영화는 이들에게 좋은 심리치료의 매체 역할을 할 수 있다.

공감 중심 수업: 영화 치료 수업

목표

영화 〈업up!〉 시청 후 풍선 안에는 어떤 감정과 비밀이 숨겨져 있는지 이해하고 자신의 마음을 들여다보고 자신의 느낌과 욕구를 공감한다.

관련교과

과학, 창체

준비물

6학년 과학 3. 여러 가지 기체, 영화 유튜브 과학극장 〈업up!〉, 포스트 잇

단계

진행 절차 및 방법

도입 (5분)
[활동] 나에게 소중한 것은 무엇일지 말해보기

여러분에게 소중한 것은 무엇인가요?

  - 나는 고양이가 소중해, 책이, 부모님이, 공책이
  - 이유도 들어 보고 아이들의 마음을 자유롭게 경청하기

전개 (28분)

[활동 1] 영화를 보고 상황에 따른 감정 이해하기 (수업형태: 전체학습)
동영상: 과학극장 〈업up!〉을 시청한다. (9분)

  - https://youtu.be/wgxV9ika09g

칼 할아버지에게 소중한 것은 무엇이었을까요?

  - 집이요.

여러분은 무엇이 소중한가요? 나에게 가장 소중한 것이 무엇인지
생각해 보고 이유도 말해 보세요. 포스트 잇 활용하기

  - 책이요. 책을 읽을 때 행복하고 이야기를 만들고 싶기 때문
    이에요.
  - 가족이요. 우리 가족은 누구보다 날 사랑해주고 나에게 도
    움을 주기 때문에.
  - 나 자신이다. 그 이유는 난 '나'로 살고 '너'로 죽으면 지금
    나 자신도 죽기 때문이다.
  - 돈이다. 용돈은 나에게 행복을 주기 때문이다. 내가 아무리
    화가 나거나 우울할 때 나는 돈을 보면 행복해진다.
  - 나에게 가장 소중한 것은 고양이이다. 왜냐하면 내가 고양
    이를 쓰다듬을 때면 정말 행복하고 내가 챙겨주는 고양이가
    내가 주는 밥을 먹을 때 정말 뿌듯하기 때문이다.
  - 핸드폰이다. 나에게 힘들 때 내가 좋아하는 가수(빅뱅,방탄
    소년단)의 노래 가사와 뜻을 살펴보면 나에게 희망과 목표를
    펼치도록 도움을 준다.
  - 12년 동안 아끼고 아껴 모은 내 돈 160만원이다. 이 돈은 용
    돈 한 번 안 받고 추석이나 설날마다 조금씩 모은 돈이다.
    처음에는 11만원으로 시작해서 160만원이 되었을 때 가장
    기분이 좋았기 때문이다.
  - 가족과 친구이다. 가족은 나에게 소중한 사람들이고 친구도

나에게 소중한 존재이기 때문이다.

[활동 2] 내 마음을 친구와 나누기 (수업형태: 모둠학습)
칼 할아버지에게 희망을 주는 것은 무엇이었나요?
  - 풍선이요.
**여러분도 칼 할아버지에게 희망을 준 풍선처럼 여러분에게 꿈을
펼치도록 희망을 주는 것은 무엇인가요? 모둠 친구들과 한 명씩
돌아가며 이야기 나누어 보세요.**
  - 긍정의 말이요. 긍정적인 말을 나에게 해주면 나도 긍정적
    이게 돼요.
  - 선생님이요. 새로운 것과 모르는 것을 친절하게 가르쳐 주
    시고, 부모님은 숙제에서 모르는 것이 있을 때 도와주시고
    나의 꿈을 지지하고 격려해주기 때문.
  - 미술이요. 그림을 그릴 때 재미있고 힘이 난다.
  - 가족과 소꿉친구들이 나의 이야기를 들어주고 항상 내 편이
    기 때문이다.
  - 책과 이야기이다. 나는 작가가 되고 싶기 때문이다.
  - 응원이다. 나를 응원해주면 힘이 나기 때문에.
  - 친구이다. 부모님이 아닌 형제자매도 아닌 같은 나이에서
    비슷한 경험을 겪어가는 친구이기에 차이점도 있지만 공통
    점으로 인해 희망을 얻을 수 있는 것 같다.

[활동 3] 내 마음을 또래 친구와 나누기 (수업형태: 전체학습)
칼 할아버지가 가장 사랑한 사람은 누구인가요?
  - 어렸을 때 소꿉친구였고 결혼까지 하게 된 엘리입니다.
내가 가장 사랑하는 사람은 누구인가요?
  - 엄빠. 현재는 나를 보살펴 주기 때문이다.
  - 우리집 강아지 도진이.

– 나 자신이다. 나를 좋아해 주면 사람들도 나를 좋아할 수 있
  기 때문이다.
– 나. 다른 사람은 믿으면 안 됨.

마무리 (8분)

오늘 영화 〈업UP!〉을 통해 가장 소중한 존재인 누군가가 병들어
나보다 더 먼저 죽는다면 나는 오늘 어떻게 할까? 나와 현재 마음
이 불편한 누군가에게 내 마음을 전하고, 내가 어떤 방법으로 어
떤 말을 할지 이야기해 보며 수업을 마무리한다.

우리가 〈인간극장〉과 같은 TV 프로를 시청하거나 영화 〈업UP!〉을
보면서 나도 모르게 눈물을 흘리게 되는 것은 '아~ 슬프겠다, 너무 힘
들겠다.'와 같이 공감하는 마음이 들기 때문일 것이다.

나이를 먹어가면서 '그 사람이 힘든 상황이구나, 어렵겠군.' 이렇게
머리로 상대를 이해하는 능력은 어느 정도 갖추게 되지만 타인을 진정
으로 이해하는 공감 능력을 모든 사람이 같은 수준으로 다 가지는 것
은 아닌 듯하다. 예를 들어 하루가 멀다고 기사화되는 학교 폭력 문제
를 보면 가해 학생은 피해를 본 친구가 어느 정도 힘들었는지, 그것이
얼마나 큰 상처가 되었는지를 모르는 경우가 꽤 많은 듯 보인다. 사건
이 크게 되고 나서야 비로소 "몰랐어요. 그 정도로 힘든지……"라고 대
답하는 경우가 많아 안타깝다. 또 뉴스에서 심심치 않게 등장하는 '인
간의 탈을 쓰고 어떻게 그렇게까지……'라는 말이 절로 나오는 사건을
저지르는 사람들은 도대체 어떠한 사람들일까? 이런 사람들이 상대
방에 대해서 조금이라도 생각을 해봤다면 과연 그러한 일을 저질렀을

까? 또 소위 말하는 못된 사람 중에는 타인을 이해하지 못하는 것이 아니라 다른 사람의 기분과 상황을 정확히 판단하고 이를 이용하는 때도 많다. 이런 사람은 남을 이해하는 능력은 있더라도 공감 능력이 있는 사람은 아닐 것이다.

그렇다면 과연 나는 이러한 공감 능력을 얼마나 잘 갖추고 있는지 생각해보자. 사실 따뜻한 사람들만 함께하는 사회라면 얼마나 좋겠냐마는, 마주하는 수많은 관계 속에서는 소통 불가, 이해 불가인 사람들이 넘쳐난다. 하지만 거꾸로 생각해 보면 과연 나는 타인을 얼마나 이해하고 공감하며 지내왔을까? 혹시 상대가 도리어 나에게 소통 불가, 이해 불가로 답답해하고 있진 않을까?

'나'에 대해 이해하는 것은 '당신'을 이해하는 데 매우 중요하다. 하지만 머릿속 이해를 넘어 그 사람의 상황을 알고, 그 사람의 기분을 같이 느끼고 적절하게 반응해 주는 '공감'을 하는 것은 '당신'에게 다가가는 최선의 길 중 하나일 것이며 상대방의 마음을 여는 가장 중요한 열쇠가 될 것이다.

하지만 코로나19로 인하여 상대방의 마음을 잘 헤아리지 못하게 되는 요즘이다. 좋은 영화를 가족과 함께 보거나 친구와 함께 보며 서로의 감정을 이야기하며 공감하는 부분을 만나거나 다름의 차이를 경험한다면 교실 속에서 만나는 수많은 관계 속에서 좋은 감정과 관계를 돈독히 하는 데 도움이 될 것이다.

5) 감각통합 치료 수업

감각통합 치료란 시각, 청각, 후각, 촉각, 미각 등 다양한 감각정보를 편안히 받아들일 수 있도록 환경 및 활동을 제시함으로써 주변 환경과 사람에 대한 관심을 높이고, 자발적으로 세상으로 나오고자 하는 내적 욕구를 충분히 작동시키도록 이끄는 치료 활동이다. 이 치료 방법은 타인과 친밀하고 긍정적인 관계 속에서 오감과 전정감각을 통합하여 자신감을 회복할 수 있고, 자신의 심리적 에너지를 건강하고 건전하게 발휘할 수 있어 유능한 사회관계를 형성할 수 있는 방법이다.

공감 중심 수업: 감각 치료 수업

목표
신체 활동 놀이를 통하여 오감을 활성화한다.
소통하며 집중력과 신체 조직화 기능을 향상한다.

관련교과
1학년 창체, 모든 교과 적용 가능

준비물
감정볼, 신나는 음악

단계
진행 절차 및 방법

도입 (5분)
Warming up
감정볼 활동하기– "반가운" 감정을 느낄 때의 표정을 지어 보세요.
– 감정볼을 전달하면서 오른손 검지가 가리키는 낱말을 읽고

그 감정 단어의 감정을 느낄 때의 표정을 지어 보세요.

감정볼이란? '기쁜, 재미있는, 무서운, 화나는, 슬픈, 짜증 나는'과 같이 일상생활에서 자주 사용하는 24개의 감정을 나타내는 형용사로 구성된 다양한 컬러와 표정의 말랑말랑한 공이다.

전개 (28분)

[활동 1] 계단 박수 놀이–박수를 치면서 교사와 함께 소통하며 목표에 도전

박수를 치면서 개별 또는 두명씩 짝을 치어 숫자 목표에 도전해 보는 활동이다.

게임 진행 방법

① 교사의 지시어를 잘 듣는다.

② 박수를 점점 늘려 가는 방식으로 하고 도전하는 숫자만큼 해 본다.

③ 교사가 "3층에 올라갑니다!"라고 말하면 학생들은 박수를 "짝, 짝짝, 짝짝짝!"을 친다.

④ 교사가 5층에 올라갑니다!" "짝, 짝짝, 짝짝짝, 짝짝짝짝, 짝짝짝짝짝!"을 친다.

⑤ 좀 익숙해지면 반대로 올라갔다 내려오는 놀이를 하기도 한다.
예) "3층에 올라갔다 내려옵니다." "짝, 짝짝, 짝짝짝, 짝짝, 짝!" 이런 방식으로 박수를 친다.

⑥ 더 익숙해지면 숫자를 늘려나간다.

⑦ 개별 박수가 익숙해지면 둘씩 짝을 정한다. 계단 박수 3층 하면 나 박수 한 번 "짝", 상대방 손바닥에도 "짝", 나 박수 두 번 "짝짝", 상대방 손바닥을 치며 "짝짝", 나 박수 세 번 "짝짝짝", 상대방 손바닥을 치며 박수 세 번 "짝짝짝" 친다.

⑧ 성공하면 숫자를 늘려가며 도전해 본다.

⑨ 좀 익숙해지면 반대로 올라갔다 내려오는 놀이를 하기도 한다.
예) "3층에 올라갔다 내려옵니다." "짝, 짝짝, 짝짝짝, 짝짝, 짝!" 이런 방식으로 박수를 친다.

Tip: 친구와 감정을 공유하는 데에 어려움을 겪는 친구들이 감정 표현
    을 잘 하게 되며 짝과의 박수 치는 활동을 통하여 관계능력을 향
    상한다.

[활동 2] 상체, 하체 합체 놀이-비접촉놀이로 코로나시대 즐거운 신체 활동

상체 하체 합체 놀이 진행 방법

① 반 전체가 가위바위보를 통해 2명의 술래를 정한다. 한 명은 상체 술래, 한 명은 하체 술래가 된다.(희망자가 있다면 희망자가 술래)

② 학생들은 자리에서 일어나서 자기 자리 근처에서만 움직임의 범위를 정합니다. 상체 술래의 동작을 따라 합니다. 상체 술래는 다리는 움직이지 않고 상체만 움직입니다. 신나는 음악에 맞추어 따라 합니다.

③ 잘 따라 할 수 있으면 하체 술래의 동작을 따라 합니다. 하체 술래는 팔짱을 낀 채 상체는 움직이지 않고 하체만 움직입니다. 다양한 동작을 취하면서 학생들이 따라 할 수 있도록 합니다.

④ 익숙해지면 상체 술래와 하체 술래가 움직이고 학생들은 상체 술래와 하체 술래의 동작을 따라 합니다.

⑤ 신기하게 아이들은 열심히 따라 하며 과몰입효과를 나타냅니다. 코로나19로 답답한 교실에서 순식간에 웃게 되는 마법의 놀이입니다.

Tip: 코로나19로 인하여 답답한 상황 속에서 말을 하지 않고 동작만
    따라 하는 것만으로도 재미와 웃음을 유발할 수 있는 감정통합
    치료 놀이이다. 왼손, 오른손, 상체, 하체 몸 전체를 사용하여 좌
    뇌와 우뇌가 균형 있게 발달하도록 돕는다.

마무리 (5분)

놀이 활동하면서 어려웠던 점, 좋았던 점, 다음에는 어떻게 하면 더 재미있을지 이야기를 나눈다. 또래 친구가 어려움에 부닥쳤을 때, 내가 어떤 도움을 줄 수 있을지에 대해 이야기와 소감을 나눈다.

6부

관계 중심
교실 상담

1. 관계 중심으로 학생을 이해하는 방법

'교사가 학생을 어떻게 이해하는 것이 좋을까?'라는 질문에서 '관계 중심으로 학생을 이해하는 방법'에 대한 고민이 시작되었다. 교사가 학생을 단편적으로 이해하는 것은 대단히 위험하다. 예를 들어, 교실 수업에 집중을 잘하지 못하고 무기력한 태도를 보이는 학생이 있다고 하자. 그럼 이 학생을 어떻게 이해해야 할까?

이때 관계적 맥락에서 학생을 이해하는 관점을 갖는 것이 매우 중요하다. 이 학생이 원래 태어날 때부터 ADHD 성향을 타고나서 매일 아침 약을 복용하는 까닭에 무기력한 태도를 보인다고 이해한다면 이것은 학생 자신의 문제라고 판단해도 될 것이다. 아니면, 이 학생이 가정에서 부모님이 항상 일로 바쁘셔서 돌봄을 잘 받지 못하고, 그로 인해 학습 및 생활에서 혼자 지내는 시간이 많다 보니 무기력한 태도로 빠져들었다고 볼 수도 있다. 그렇지 않고 원래는 의욕적인 학생인데, 담임선생님께서 이 학생의 의욕적인 태도가 수업에 방해가 된다는 피드백을 해서 아이가 담임선생님 수업에 의욕을 잃고 무기력해졌을 수도 있다. 혹은, 친한 친구와의 갈등으로 수업에 집중하기 힘들어서 무기력한 모습을 보이는 경우일 수도 있다. 이렇듯 이 학생은 다양한 이유로 인해 지금 그 행동을 보이는 것이다. 따라서 그 아이와 관련된 다양한 대상과의 관계를 이해하는 다양한 눈으로 아이의 행동을 이해하려는 노력이 필요하다.

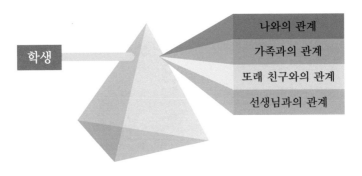

〈 관계 프리즘으로 아이 보기 〉

위의 '관계 프리즘으로 아이 보기' 도식을 보면 학생을 대인관계 중심으로 이해하는 것의 의미를 찾아볼 수 있다. 아이 스스로 자신을 잘 이해하고 있는지, 가족과의 관계, 또래 친구와의 관계, 선생님과의 관계에서 어떤 상황에 놓여 있는지를 확인함으로써 학생을 좀 더 세밀하게 관찰하고 이해할 수 있다.

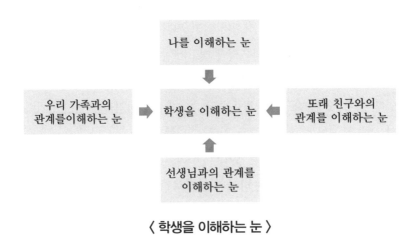

〈 학생을 이해하는 눈 〉

아이 주변의 대인관계에서 일어나는 심리 역동을 이해함으로써 학생의 현재 정서 상태, 심리적 어려움이 무엇인지 파악하고, 학생에게 어떤 도움이 필요한지 전략을 세우기 용이하다.

또한 학생 상담이나 학부모 상담을 할 때, 이 네 가지 관점으로 학생을 이해하도록 안내하면 학생 스스로나 학부모 입장에서 보다 객관적인 이해의 눈을 갖게 될 것이다.

예를 들어, 학급에서 다른 또래 친구들을 괴롭히는 학생이 있다고 할 때, 그 학생에게 "또래 친구들을 못살게 굴면 안 돼."라고 말할 것이 아니라 그 학생이 다른 또래 학생들과 건강한 관계를 맺지 못하는 원인을 찾아 보거나 또래 이외의 다른 대인관계에서 그 학생이 경험한 부적응적인 경험이 있는지를 탐색해 볼 필요가 있다.

학부모와 상담에서는 부모와의 관계, 가족 구성원 간의 관계에서 어떤 대인관계 경험들이 있었는지를 충분히 들어야 한다. "아이가 좀 잘못하면 심하게 혼을 내곤 했어요."라는 부모의 말을 들었다면 그 학생이 다른 또래 친구들에게 왜 그렇게 괴롭히거나 폭력적인 태도를 취하는지 맥락적으로 이해가 가능하다.

학생에게 학생 자신이 가지고 있는 성격이나 행동 특성을 온전히 이해하도록 안내할 필요도 있다. 예를 들어, 작년 담임교사가 "그 학생은 책상에 앉아있질 않아요. 그래서 지도하기가 엄청 힘들었지……. 그런데 종이접기를 할 때는 조용히 책상에 앉아있어요."라고 말했다면 그 학생과의 상담에서 "종이접기 할 때랑 다른 수업 시간이랑 너에게 어떻게 다른 거야?"라고 물어볼 수 있다. 그런데 학생은 자신이 종이접기 할 때 집중하고 있는 것을 의식하지 못하고 있을 수 있다. 또 "작년 선생님께서 네가 종이접기 할 때 집중력이 좋다고 말씀 하시던데……."라고 하면서 작년 선생님과의 관계로 탐색의 범위를 넓혀 볼 수도 있다.

초등교실에서 문제행동을 보이는 학생의 경우, 부모의 양육 태도에 영향을 받는 경우가 많지만, 학생 스스로가 가지고 있는 성격특성이나 또래 친구 관계가 원인이 될 수 있고 교사와 학생 간 성격이 맞지 않는 것이 원인이 될 수도 있다. 따라서 담임교사가 여러 대인관계를 다각도로 조망하고 관계 맥락으로 학생의 행동을 이해하면 학생의 문제행동에 합리적으로 접근해 갈 수 있을 것이다.

2. 관계 중심 교실 상담의 핵심

1) 갈등은 관계에 있어 또 다른 배움의 길

사람은 사회적 동물이라 한다. 혼자서는 살 수 없고 누군가와 부딪히며 살아가야 한다는 것이다. 그러는 과정 속에서 누군가와는 조화롭게 화목하게 살아가기도 하고 누군가와는 갈등을 일으키며 살아가게 된다. 사람이 모인 곳에는 서로의 기질, 성향, 이해관계 등 때문에 갈등이 일어날 수 밖에 없다. 교실이라는 공간도 마찬가지이다. 다양한 성격과 성향의 학생들이 20명 이상이 모여서 생활하는 곳이기 때문에 그만큼 다양한 갈등들이 일어난다. 자리를 바꾸는 문제, 급식을 먹기 위해 줄서는 순서의 문제, 교실 놀이시간에 놀이할 종목을 정하는 문제, 사물함 사용에 관한 문제, 남학생과 여학생의 대립문제, 교우관계에 따른 문제 등 여러 가지 문제가 좌충우돌하게 된다.

이러한 문제들을 단순하게 갈등의 문제로만 바라보면 교실은 엄청난 스트레스의 덩어리이다. 많은 숫자의 학생들 때문에 단순하기도 하고 복잡하기도 한 여러 가지 문제가 얽히고 섞여 있어서 여간 머리 아프지 않은 경우가 없다. 갈등을 악惡으로 보고 절대 일어나서는 안 되는 문제라는 시각으로 바라보면 교사에게는 엄청난 스트레스로 다가오게 된다.

학생들과 갈등에 대해 이야기를 나눌 필요가 있다. 갈등을 의미있게 풀어갈 수 있는 힘을 기르는 것이 왜 중요한 지에 대해 함께 대화해 보는 것이다.

"왜 ○○이랑 다투게 됐어?"

"△△이가 제 물건을 함부로 만졌어요. 그래서 제가 밀쳤어요."

"○○이가 막 저를 밀치니까, 기분이 나빠서 때렸어요."

"그랬구나, 둘 다 잘 못 했네, 둘 다 반성문 써와."

"왜 ○○이랑 다투게 됐어?"

"△△이가 제 물건을 함부로 만졌어요. 그래서 제가 밀쳤어요."

"○○이가 막 저를 밀치니까, 기분이 나빠서 때렸어요."

"그랬구나, 그럼 ○○이가 물건을 함부로 만져서 △△이 기분이 먼저 나빴구나. 그리고 ○○이는 △△이가 밀쳐서 화가 났구나."

"△△이는 ○○이가 어떻게 했으면 기분이 안 나빴을까?"

"'○○이가 물건 만져봐도 돼?'라고 말했으면 기분이 안 나빴을 것 같아요."

"응, 먼저 물어봤으면 기분이 안 나빴겠구나."

"○○이는 △△이가 어떻게 했으면 기분이 안 나빴을까?"

"△△이가 밀치지 않고, '나 기분 안 좋아.'라고 했으면 화가 안 났을 것 같아요."

"응, △△이가 밀지 않고 말로 했으면 좋았구나."

"서로 얘기를 들어보니까 어때?"

인간은 혼자서 태어난다. 하지만 이내 부모를 만나고 부모와의 관계를 맺는다. 이때는 일방적인 사랑을 받는 시기이다. 아가는 주는 것 없이 부모의 사랑을 일방적으로 받는다. 이것이 인간이 태어나서 맺는 첫 번째 관계이다. 부모에게 보살핌을 받고 자라면서 부모와의 갈등을 겪는다. 그러면서 "타인"을 인식한다. 타인을 인식하면서부터 진정한 성장이 시작된다. 모유나 분유를 먹으며 일방적 공급을 당하던 아이는 자라면서 이유식을 하게 되고 먹을 수 있는 음식이 다양해지면서 먹고 싶은 것도 생기고 먹고 싶지 않은 것도 생긴다. 이때부터는 부모와의 갈등이 시작된다. 부모는 어떻게든 먹이고 싶어하고 아이는 먹지 않으려 한다. 부모의 회유와 협박을 통해 아이는 먹는 음식의 종류도 점점 늘어나고 튼튼하게 성장하게 된다.

아이는 자라서 "친구"라는 타인을 만나게 된다. 부모는 가능한 나의 말을 들어주고 가능하면 따라주는 헌신적인 타인이지만 친구는 그렇지 않다. 내가 가지고 있는 장난감을 갖고 싶어하기도 하고, 내게 있지 않은 것을 갖고 있기도 하다. 장난감 하나를 가지고 다투기도 하고 서로 공유하며 잘 놀기도 한다. 놀면서 나의 의지대로만 따라주지도 않는다. 나는 소꿉놀이를 하고 싶은데 친구는 모래놀이가 하고 싶다. 내가 하고 싶은 것만 고집할 수 없다. 그러면 삐져서 친구가 놀아주지 않기 때문이다. 나도 때로는 양보를 해야 한다. 이런 갈등 상황을 겪으며 성장한다. 이렇게 타인의 범위가 넓어지면서 성장하게 된다. 성장할수록 갈등의 빈도도 높아진다. 학교에 오게 되면 더욱 더 많은 타인들을 만나게 된다. 이럴수록 더욱 더 많은 갈등 상황에 놓이게 되고 친구관계가 넓어질수록 더욱 복잡한 갈등 관계가 생기게 된다. 친구 관계가 다양해지면서 얽히고 섞히면서 서로 다른 욕구와 감정 속에서 힘들어하기도 하고 그것을 극복하면서 더욱 더 성장하게 된다. 이때, 효과적으로 갈등을 다룰 수 있는 경험은 매우 소중하다.

학급 아이들에게 갈등이 생긴다고 불행한 것이 아니라 갈등을 통해서 성장할 수 있다는 경험을 하도록 안내할 필요가 있다. 교실에서 만나는 학생들에게 갈등을 통해 성장할 수 있는 힘을 길러줘야 한다.

2) 뭐든 이유가 있다, 경청이 필요한 이유

앞서 4부에서는 평화적 관계를 위한 첫 걸음으로 '눈 마주치기'의 필요성을 기술하였다. 남의 눈을 마주 보고 주시하는 데에는 사람에 따라서는 많은 용기와 인내가 필요한 일이다. 3초 마주치고 3초 다른 곳을 보고, 상대방의 어깨 즈음이나 옷으로 시선을 얼버무리거나 상대의 뒤쪽으로 시선을 옮기기도 한다. 학생 중에는 눈을 마주치기 위해서는 다른 사람의 눈을 마주하는 것에 적응이 필요한 학생도 있다. 이러한 학생조차도 어느 정도 적응기가 지나면 도움이 필요하거나 하고 싶은 말이 생길 때면 스스로 다가와 자신의 말을 한다.

교사가 잊지 말아야 할 것은 하던 일을 멈추고 경청하기이다. 하던 일을 멈추기 어려울 때에는 잠시 기다려 달라고 말하고 하던 일을 빨리 마무리하고 학생을 바라보도록 한다. 그 사이를 참지 못하고 그 자리를 떠나는 학생은 아마도 별로 없을 것이다.

학생이 쉬는 시간에 자발적으로 교사에게 다가와서 하는 말은 대개 가정에서 있었던 즐거운 경험이나 사소한 불편함을 호소하는 내용이겠지만 그렇다고 해서 흘려들을 일이 아니다. 그 속에 학생의 가족 관계나 환경에 대한 정보, 학교폭력에 대한 도움의 메시지 등이 녹아들어 있을 수 있다. 어른처럼 중요성에 따라 정선된 주제를 논리적으로 말하는 것이 아니라 아이가 할 수 있는 표현 방법으로 나름 상황을 말하는 것이다.

특히 교사의 경청은 학생과의 유대관계를 촉진한다. 교사와의 유대를 확인한 아동은 학급에 적응을 쉽게 할 수 있다. 교사에 대한 믿음은 학생이 학급의 규칙과 교사의 언행을 의심하지 않고, 자신의 행동 수위가 어느 정도까지 용인될지 간보는 행동을 줄인다. 이것은 교사와 학생 간에 밀당을 생략할 수 있도록 하여 학생에게는 안정을, 교사에게는 필요 없는 에너지 소모를 줄여준다. 또한 심리적으로 안정된 학생은 학급의 규칙을 수용하고 지키는 가운데 다른 학생과의 갈등과 마찰을 줄일 수 있고, 안정된 모습은 학부모에게도 안도와 만족감을 줄 수 있다. 그리고 개별상담이 필요한 학생은 이렇게 생성된 라포를 바탕으로 보다 경제적이고 효과적인 상담을 진행할 수 있도록 도움을 준다.

관계중심 교실 상담에서는 이렇듯 미숙한 말하기일지라도 상대와 말하고 듣기에서 서로 경청하도록 교육하는 것이 필요하다. 적극적 경청은 말 그대로 능동적인 태도를 필요로 한다. 듣는 이의 내면에 그 말을 들을 여유가 있을 때 가능한 것으로 여유가 없다면 하기가 어렵다. 듣는 일을 잘하지 못하는 학생이 있다면 그것은 자신의 말을 들어달라는 신호일 수 있으므로 따로 시간을 내어서 그 학생과 눈 마주치기를 하며 말을 들어줄 필요가 있다.

또한 적극적 경청에 익숙해지도록 듣기 연습을 하는 것이 다음 단계의 관계 형성에 도움이 된다. 적극적 경청의 진행순서와 운영방식은 다음과 같다.

침묵으로 듣기	반영하기	상호 피드백하기
둘이 한 모둠이 되어 듣기와 말하기 역할을 나누기	침묵으로 듣고 난 뒤 자신이 들은 것을 말한 사람에게 반영해 주기	연습 후 자신이 느낀 점 나누기
•3분 동안 한 사람은 말하고 한 사람은 듣기 •말하기를 시작할 때, 말하기를 마칠 때, 역할을 바꿀 때 각각 30초 정도의 침묵 •말하기의 주제는 자유 •듣는 사람은 말하지 않으며, 자신의 선입견이나 편견 등을 내려놓고 듣기	•들은 사람은 최대한 자신의 판단이나 선입견을 섞지 않고 들은 대로 상대에게 거울처럼 되돌려줌 (반영) •반영한 뒤에는 '맞나요?'라고 묻기 •말하는 사람이 더 할 말이 없다고 할 때까지 계속 듣기	•들을 때 내 생각에 사로잡혀 이야기가 들리지 않은 점, 집중해서 잘들은 점 등을 솔직하게 느낀 점 나누기 •말할 때에 듣는 이가 끼어들지 않고 경청하는 것을 느꼈을 때의 나의 말하기가 어땠는지 이야기 나누기

– 출처: 경기도교육청(2014), **회복적 생활교육 매뉴얼**.

3) 학생이 상황을 객관적으로 돌아보게 하라

A는 초6 여학생이다. 어른이 볼 때는 참 싹싹하고 말도 예쁘게 하고 붙임성도 있어서 쉽게 친해진다. 그런데 아이들과는 저학년부터 내내 갈등이 있었다. 또래들과 갈등을 일으켜서 해마다 피해 학생 어머니가 학교에 찾아오셨다. 저학년 때는 어리숙한 아이에게 물건 빌려 달라고 하고 안 돌려주기, 바꾸자고 하고 비교가 안 되는 물건을 주기, 빌린 물

건을 달라고 해도 안 주다가 고장 내서 주기도 하였고, 고학년이 되자 SNS에서 뒷담하고 따돌리기가 빈번하고, 거짓말을 수시로 하며 교우 관계를 이간질하여 싸우게 하기 일쑤였다. 선생님들은 이런 관계의 문제들뿐만 아니라 수업 시간에는 무기력하게 학습에 임하지 않는 것을 걱정하셨고, 친구들은 이런저런 안 좋은 경력이 많은 A를 모둠에서도 별로 좋아하지 않아 어느덧 친구가 없는 외톨이가 되어 있었다. 전학생이라도 오면 특유의 붙임성으로 친해진 후 또 갈등을 일으켜 외톨이가 되는 과정이 반복되었다. A가 늘 하는 말은 이랬다.

"나는 친구가 없어요. 슬퍼요. 애들이 날 싫어해요. 나는 잘못이 없어요."였고, 왜 그런 상황이 되었는지 이야기를 시작하면 핑계를 대며 빠져나가기 일쑤였다. 이렇게 지각과 생각이 왜곡되어 있는 A에게는 친밀감 향상을 위한 공감뿐만 아니라 구체적인 탐색적 질문으로 나가는 방법이 필요했다.

"오늘은 어떤 이야기를 할까? 어제는 뭐 했어? 지금 기분은 어때?"

"어제 B랑 카톡하다가 B가 읽씹해서 기다리다가 엄마한테 핸드폰만 한다고 혼났어요. 다 B 때문이에요. 왜 읽고 답을 안 해요? 나빠요. 그래서 나중에 막 뭐라고 욕했더니 학교에서도 딴 애랑 놀아요."

A의 말만 들어보면 다 상대가 잘못한 것 같다. 어떤 상황이었는지 구체적으로 물을 필요가 있다. 알고 보니 카톡을 두 시간 넘게 하다가 B는 학원 시간이 되어서 학원에 갔고, A는 그동안 학원 숙제를 안 해서 엄마에게 혼이 난 상황이었다.

"B가 카톡 안 읽은 건 학원 간다고 했던 거 아니었니?"

"그래도 내 말은 답할 수 있잖아요. 또 나를 버리는구나. 따돌리는구나 생각했어요."

객관적 상황이 있는데도 작은 단서에 지나치게 예민하고 자신의 해결되지 못한 상처와 결합하여, 감정이 과잉되어 부정적으로 과격하게 나가 버렸다. 그러니 B도 A가 부담스러울 수밖에 없고 A는 다시 혼자가 되어버렸다.

"혼자가 될까 두려워서 더 B랑 친하게 지내고 싶어 숙제도 안 하고 카톡을 했었구나. 또 B가 상황 때문에 대답을 못 한다는 것을 알면서도 마음이 불안했다는 말이지? 지금 마음은 어떠니?"

"B에게 미안한 마음이 들어요. 그런데 B는 벌써 딴 애랑만 놀아요."

"그래도 B랑 그동안 친하게 지냈으니까 아직 너랑 잘 지내고 싶을 수도 있을 것 같은데. 한 번 얘기해 볼래? 아님 편지로 해볼래?" 말은 쑥스럽고 용기가 없어서 편지로 했고, '나-전달법'을 활용해서 미안한 마음을 전했다. 과거의 상처와 연관 지어 그럴 수밖에 없었던 마음을 자세히 전하도록 같이 문구를 작성하고 예쁜 편지지에 써서 초콜릿과 함께 보냈다. 다행히 B가 A의 진심과 상처받은 마음을 이해하여 다시 가깝게 지냈는데, 일 년 내내 이런 일이 반복되었다. 이런 방식이 A의 관계 패턴이 되어 있었던 것이다.

그 원인으로는 A가 어릴 때부터 관계의 실패를 많이 한 경험이 컸다. 가정 내 양육환경과 A와 부모님의 기질, 성격과의 상호작용이었을 것이다. 또래와의 관계를 잘하지 못했고, 갈등 상황에 빠지면 혼돈과 혼란에 빠져 생각과 감정의 갈피를 잡지 못했고 남 탓으로 변명하는 일관된 모습을 보였다.

이런 관계의 문제가 있을 때 유용한 접근과 질문이 '인지행동치료'적 접근이다. 인지행동치료란 개인의 행동이나 증상이 생각(인지양식)과 밀접하게 연관되어 있어서 왜곡된 인지를 수정하여 행동이나 증상을 변화시킬 수 있다는 관점이다. 이 치료법은 특정 상황에서 생긴 왜곡된 생각과 관련된 불편한 감정을 찾고 그것을 바꾸기 위해 생각을 수정하는 시도를 하고 문제에 대처하는 능력을 키울 수 있다.

활용 질문	A의 대답
어떤 일이 있었니? 더 자세히 이야기해 줄래?(아주 구체적으로 물어야 사실을 파악할 수 있다.)	엄마한테 혼났어요. B가 배신했어요.
예를 들어서 이야기해 줄래? 최근에는 그런 일이 있었니?	숙제 안 하고 핸드폰 한다고 혼났어요. 친구가 카톡을 안 읽었어요. (A처럼 전체 상황을 이야기하지 않고 자기 입장에서 정보만 이야기하는 경우가 많다. 자세히 구체적으로 물어보기)
그때 기분은 어땠어?	배신당한 느낌(혼자된 외로움을 꺼내주어도 된다. 감정인식)
어떤 생각을 했어?	나는 또 혼자가 되었구나. 나는 늘 왕따야.(왜곡된 인지)
그래서 어떻게 했는데?	B에게 욕을 했어요.(잘못된 행동)
다 말하고 나니, 지금 기분은 어떠니?	B에게 미안해요. 후회돼요.
지금 생각은 어때?	사과하고 다시 친해지고 싶은데 못 하겠어요.
지금은 어떻게 하고 싶어?	모르겠어요. 선생님이 대신해주면 안 돼요?
앞으로는 어떻게 하고 싶어?	친해지고 싶어요. 사과해볼게요. (대처능력 향상)

4) 사과할 수 있는 용기, 용서할 수 있는 용기

    교실 현장은 다양한 기질을 가진 아이가 모여 있다. 많은 부모가 아이가 등교할 때 친구와 싸우지 말고 사이좋게 지내라는 말을 한다. 교실에서도 담임 선생님은 아이들의 감정 단어를 읽어 주고 인식하고 아이들에게 안전하게 행동하고 사이좋게 지낼 것을 강조한다. 그러나 사실 모든 사람과 친하게 지낼 수는 없다. 살아온 환경이 다르고 타고난 기질이 다르기 때문이다. 친구에게 스스럼없이 다가가며 말을 거는 친구도 있지만 다가가는 것이 어려운 아이도 있다. 경쟁심이 심해 상호작용하는 모둠 활동에 적응하지 못해 자기주장만 하는 친구도 있다. 친구의 말을 거절을 못해 따라다니는 친구도 있으며 놀리고 이르고 때리고 욕하고 빼앗고 삐치기도 하고 흉을 보기도 하며 울고 이르는 말이 역동적인 교실 현장이다. 요즘 교사들은 생활지도가 아주 어렵다고 한다.

    아이들은 단순하지만 복잡하기도 하다. 교사의 말을 잘 듣고 노력하는 친구도 있지만 아이들은 매일 갈등상황에 놓여 있고 교사는 그와 같은 문제 상황에서 중재 역할을 하느라 하루가 바쁘게 지나간다. 아이들의 다툼 문제가 바로 감정을 풀고 사과하지 못해 학교폭력 문제로까지 발전하게 되면 각종 업무와 수업준비 외에 학부모도 상담까지 진행해야 하며 징계를 논하는 화해중재원까지 가야하는 사건이 발생할 수 있다. 별것 아닌 감정이 개입된 아이 다툼이 어른 다툼으로 커져서 가해 학생과 피해 학생측이 서로 탓하는 상황에서 교사는 여기 치이고 저기 치이는 샌드백이 되고 마음의 병을 얻어 병가를 내는 상황이 만들어질 수도 있다. 이에 학교폭력 문제로 발전하기 전에 교실에서 다툼 문제에 대한 바람직한 해결책이 필요하다. 화해를 위한 사과의 기술 허승환 선생님의 인·사·약을 소개한다.

저학년 아이들이 다투었을 때는 3단계 '인 사 약'으로 학기 초에 역할극을 자주 진행하여 사과하도록 한다. 또한 '회복적 질문'을 활용해 두 아이가 서로 돌아가며 어떤 일이 있었고, 그때 무엇을 생각하고 있었는지 번갈아 물어본다. 감정이 상한 상대편 아이까지 다시 감정적으로 격해져서 울지 않도록 서로에게 서운한 부분을 묻고, 그 부분을 친구에게 사과할 수 있겠냐고 동의를 구하는 과정이 필요하다. 그런 후에 '인 사 약'을 생활 속에서 활용하여 일기로도 써 보도록 안내한다. 교실에서 친구들의 사과 일기를 읽어 주는 것도 많은 도움이 된다. "인"이라고 불러주면, 아이가 잘못을 인정하고, "사"라고 불러주면 "정말 미안해."라는 사과의 말을, "약"이라고 부르면 "앞으로는 ~하지 않을게."라고 약속하는 연습을 아이들 다툼이 있을 때마다 실천해본다. 아이가 사과한 후에는 "잘못을 인정하는 것은 어른들도 쉽지 않은데." 잘했어! 넌 정말 사과할 수 있는 용기 있는 아이야! 엄지 척! 이라고 말해 주면 좋겠다.

– 출처: 허승환, 화해를 위한 사과의 기술 '인·사·약',

행복한 교육(2017년 4월 호).

5) 좋은 비언어적 메시지

흔히 교실의 아이들이 이해하기 어려운 행동을 할 때 교사들은 아직 '파충류'의 뇌이니 이해해주자고 말하곤 한다. 특히 저학년 학생들에게는 아무리 지도를 하고 주의를 줘도 당시에만 고개를 끄덕일 뿐 같은 실수를 반복하고 마는 일이 잦다. 하지만 우리는 때론 말보다 행동이 훨씬 효과적일 수 있음을 잊어선 안 된다. 여기서의 행동은 눈짓, 손길, 몸 움직임, 침묵 등의 비언어적인 부분을 의미한다. 사실 아이들은 당신의 생각보다 훨씬 눈치가 빠를지도 모른다. 학급의 규칙을 반복적으로 어기는 아이는 학급의 규칙을 **몰라서가 아니다. 그래도 될 것 같아서이다.** 이런 아이에게 계속 말로 타이르려 노력하는 것은 사실 별 의미가 없다. 백 마디 말보다 잠시의 침묵이 더욱 효과적일 수 있다.

비언어적 표현을 효과적으로 쓰는 교사는 아이들이 더 잘 따른다. 잠깐의 미소와 고개 끄덕임, 악수와 포옹으로 인사하며 하루를 시작하고 마무리하기, 어깨 툭툭 두드리며 다독이기, 머리 쓰다듬거나 손을 꼬옥 잡아주며 진심으로 위로하는 행동 등은 교사와 학생 간의 거리를 훨씬 효과적으로 가까워지게 한다.

경청하기

말을 잘하는 사람은 다른 사람의 말도 잘 들어준다. 반대로 생각해 보면 자기가 하고 싶은 말만 하는 아이, 어딘가 대화의 중심에서 비껴간 이야기만 하는 아이는 타인의 말을 잘 듣고 있지 않은 것이다. 이런 아이들과의 대화는 '경청하기'를 가르치는 것으로 시작하는 것이 좋다. 경청하기 교육은 어렵지 않다. 교사가 많은 말을 할 필요가 없다. 경청할 줄 모르는 아이들은 대체로 잔뜩 흥분하여 말이 빠르다. 스스로의 감정을 정리하고 올바른 판단을 내리며 다른 사람과 대화할 수 있도록 대화의 연습이 필요하다.

step 1. 눈 맞추기

대화의 기술을 모르는 아이들은 상대의 반응을 살피지 않고 자신이 하고 싶은 말을 한다. 그렇기 때문에 아이가 대화를 시작하고 싶어 할 때는 눈을 분명히 맞춰 서로에게 집중해야 한다는 것을 느끼게 해주는 것이 중요하다. 고개가 다른 곳으로 돌아가 있거나 움직이며 말하는 아이들은 손을 잡거나 어깨를 토닥이며 상대방과 눈을 맞출 수 있도록 배려하는 것이 좋다. 경청하기의 첫 번째 단계를 통해 아이들은 상대방이 내 이야기에 관심이 있다는 것을 느끼게 되고, 자신이 말하는 행위와 내용에 집중하여 말하게 된다.

step 2. 추임새 넣기(고개 끄덕이기, 음, 응 그렇구나! 말하기)

눈을 맞추며 대화의 시작을 알아차린 아이들은 어느새 자신이 말하고 싶었던 주제에 푹 빠져 속사포처럼 말하게 된다. 어휘력이 부족한 아이들은 문장을 제대로 완성하지 못하기도 하고, 듣던 상대방은 이해가 되지 않아 상대와의 대화에 흥미를 잃기도 한다. 따라서 대화의 속도를 아이들이 알아차리게 하는 일은 중요하다. 속도가 빨라지거나 중요한 내용이라 천천히 이야기해야 하는 부분에서 추임새를 넣거나 고개를 끄덕여 주는 것이 그 방법이다. 아이가 하고 싶은 말이 있는데 말문이 막혔거나 적당한 어휘가 떠오르지 않을 때는 "음, 응, 그렇구나" 등의 표현으로 아이에게 내가 너의 말을 경청하고 있다는 믿음을 주는 것도 좋다. 상대방이 충분히 시간을 들여 나의 말을 들어줄 생각이 있다는 것을 알게 된 아이들은 더는 흥분하여 빠르게 말할 필요가 없다는 것을 깨닫고 상대와의 대화에 더욱 집중할 수 있게 된다.

plus step. 잠시 멈추기

친구와 다투어 선생님께 무슨 일이 있었는지 말하는 아이들은 대개 억울하고 속상한 마음으로 가득 차 이야기가 지나치게 산만해지거나 사실과 의견을 구분하지 못하고 말하는 경우가 많다. 이때에는 추임새가 아닌 잠깐 멈춰(Pause)가는 시간이 필요하다. 산만한 이야기가 이어지는 와중에 교사가 개입하여 "잠깐, 그렇다면 너는 A라는 친구에 관해 이야기하고 싶은 것이구나. 맞지?" 등의 표현으로 정확하게 내용을 정리하며 듣고 싶다는 의지를 표현하면, 대화가 보다 명확하고 하고자 하는 말을 분명하게 전할 수 있게 된다.

아이들에게 교실에서의 선생님은 생각보다 큰 존재이다. 언제나 나의 말을 들어주는 조력자이며 내가 잘못한 부분을 가르쳐주는 지도자이기도 하다. 따라서 교사가 말을 할 때에는 표정이나 억양이 항상 진실하고 일치되도록 신경 쓰는 것이 좋다. 감정의 기복이 큰 선생님은 아이들에게 눈치를 보게 할 수 있기 때문이다.

물론 하루에도 수백 번씩 천국과 지옥을 오가는 일이 생겨나는 교실이지만, 아이들에게 영향을 주는 존재임을 인식하며 흥분을 가라앉히고, 어떤 문제가 생기더라도 대처할 수 있다는 믿음을 주는 수용적인, 너그러운 분위기의 교실을 만들어야 한다.

교사가 문제행동을 보인 학생을 꾸짖을 때, 교실에 있는 다른 아이들의 마음은 어떨까?

교실이라는 같은 공간 속에서 교사와 문제 학생이 큰 소리를 내며 분노라는 감정을 표출할 때, 교실에 있는 나머지 아이들은 큰 스트레스를 받는다. 불필요한 분노 표현, 말다툼은 문제 상황을 더욱 악화시킬 뿐이다. 충분한 침묵의 시간을 가진 뒤, 교사가 자신의 감정을 다듬고 아이의 손을 잡아주면서 따뜻한 말로 타이른다면 아이가 자신의 행동과 주변 사람들의 반응을 되돌아볼 수 있는 좋은 기회가 될 것이다.

6) 효과적인 교사의 역할

교실 안에서 교사는 슈퍼맨 같다. 작은 일부터 큰일까지 교사의 손이 닿지 않는 곳이 없다. 수업을 진행하고 학급 운영에 관계된 모든 것은 물론 아이들의 다툼과 갈등의 해결, 급식 시간 골고루 먹도록 급식지도, 눈에 보이진 않지만 중요한 부분을 차지하는 인성 지도까지 몸이 열 개라도 모자란 느낌이다. 아이들의 눈에는 선생님이 슈퍼맨 같기에 사람마다 교사마다 잘하는 것과 못하는 것이 다 다름에도 불구하고 처음 임용되어 담임이 되었을 때는 어느 하나 놓치고 싶지 않아 이것저것 정신없이 모두 잡으려 했었다. 하지만 점점 시간이 지나고 아이들과 함께하는 경험이 늘어갈수록 여러 개를 동시에 잡기란 불가능하고 오히려 하나도 제대로 되지 않음을 볼 수 있었다. 교실 안에서 교사의 역할이 무엇일까? 무엇이 제대로 된 교사의 역할일까?

▶ 심리적 CPR 구조대원

정혜신 작가님의 《당신이 옳다》라는 책을 읽었는데 "심리적 CPR"에 대한 내용이 무척 새로웠다. 죽어가는 사람에게 심폐소생술은 다른 장기들을 제쳐놓고 오로지 심장과 호흡에만 집중하는 응급처치이다. 심장의 기능만 돌아오면 나머지 기능은 알아서 연쇄적으로 작동하기 때문이다. 심리적 CPR도 마찬가지로 심장인 '나'라는 존재 자체에 집중하여 나를 살리는 것이다. '나'가 아닌 것을 제치고 '나'라는 존재 바로 그 위를 강하게 자극하는 것이다. 교실 안에서 교사는 아이들을 살리는 "심리적 CPR 구조대원"의 역할을 한다고 생각한다. 아이들이 자신에 집중하여 내 존재 자체에 관한 이야기의 불씨가 지펴지면 아이의 생명 박동이 쿵쾅댄다. 교사인 나의 손을 아이의 '나' 위에 올려놓음으로

써 한 존재와 연결되어 이어지는 것이다. 내 감정과 내 느낌이 위치한 '나'라는 바로 그곳을 정확히 찾아내어 그 위에 장대비처럼 '공감'을 퍼붓는 일, 그 일을 교사가 할 때 아이들을 살린다.

자기를 드러내면 즉, 내 감정과 느낌을 드러내면 바로 무시당하거나 혼나는 경험을 자주 한 아이들은 자주 주눅 들어있거나 화가 가득하다. 우리 반에도 그런 친구가 있는데 항상 화가 가득 차 있어 아이들의 작은 자극에도 몇 배는 큰 화를 표출한다. 그림을 그려도 빨간 피가 뒤섞인 그림이거나 가끔 공책을 살펴볼 때면 '억울하다', '화가 난다'라는 단어를 보곤 한다. 부모님께 말씀드려 본 적이 있는지 물어보면 이야기할 필요도 없다고, 어차피 엄마 아빠는 자신의 말을 안 들어줄 것이며 이야기하면 매를 맞을 게 뻔하다고 이야기한다. 아이의 마음속에 얼마나 많은 상처가 있는지 조금만 이야기해 봐도 고스란히 알 수 있다. 하지만 부모님은 아이가 왜 그런지 잘 모르는 눈치다. 친구들에 대한 다소 폭력적인 행동과 말로 '나'에 대해 그 어떤 말이라도 그저 들어주고 공감해줄 수 있는 사람이 필요하다고 울부짖고 있는 느낌이다. 심리적 CPR이 필요한 이 아이에게 교사라는 구조대원이 필요하다.

관계의 첫 시작의 열쇠인 공감을 제대로 하려면 제대로 그 아이를 알아야 한다. 잘 모르는 상태에서 '힘들었겠다', '괜찮을 거야', '힘내'라는 애매한 공감의 언어가 그 상처를 더 덧나게 할 수 있음을 우리는 더 잘 알고 있지 않은가. 잘 모르면 일단 천천히 내가 알 수 있을 때까지 조심스럽게 물어야 공감할 수 있다. 질문을 통해서 자신의 상황이 어떤지, 어떤 마음인지 그 마음을 자신이 또렷하게 본다면 공감은 저절로 일어나고 마음은 열리며 심장이 뛰게 된다. 단, 거부감 들지 않고 다정하게 구체적인 질문으로 "심리적 CPR 구조대원"으로서 우리는 아이들의 심장을 하나하나 뛰게 할 수 있다.

▶ 감정 조절 조력자

아이들은 화가 나거나 슬프면 자기 자신을 다스리는 것을 어려워한다. 순간의 감정에 너무 빠져 한 시간을 넘게 울기도 하고 자신도 모르게 폭력적인 행동으로 표현해 버리기도 한다. 아직 자신의 감정을 조절해 본 경험이 많지 않기에 어떻게 해야 하는지 모르는 것이다. 자신의 감정을 표현하고 싶은데 어떻게 해야 할지 막막한 순간에서 아이들에겐 교사가 필요하다.

학기 초 아이들과 나는 꼭 감정을 조절하는 경험을 해보도록 한다. 한 번도 해보지 않아서 어려웠지 자신이 무엇을 할 때 차분해지고 감정이 조절되는지 그 방법을 안다면 말랑말랑한 마음을 지닌 아이들은 금세 따라 한다. 자신이 어떨 때 흥분되거나 슬퍼지는지, 화가 나는지 알아보고 어떻게 행동해야 할지 방법을 알고 있다면 아이들은 이미 정신적인 큰 안정감을 느끼게 된다. 스스로 위험하지 않고 건강하게 자신의 감정을 조절하는 방법을 찾아보고 그것을 나누고, 직접 해보며 자신에게 가장 잘 맞는 방법을 찾으면 따로 교사가 해답을 제시할 필요도 없다. 이미 아이들은 그 답을 알고 있기 때문이다. 다만 교사는 그 상황이 일어났을 때 아이가 자신이 알고 있는 답을 할 수 있도록 용기를 주고 상황을 만들어주기만 하면 된다. 교실에 텐트를 설치하고 미니 책상을 두어 아이들이 감정 조절할 때 필요한 모든 것으로 안을 꾸며 놓았다. 각종 인형부터 공책, 연필, 젤리, 고민함 등등 거기에 들어가면 그 누구도 그 아이를 방해할 수 없다. 감정이 누그러져 자신이 나오기 전까지 말이다. 아이들 스스로 사용 규칙을 정하고 서로의 감정을 존중해주는 공간을 교실에 만듦으로써 이미 자신을 조절하는 단계에 절반은 걸음을 떼었다고 생각한다.

▶ 감정과 욕구 표현의 시범자

감정과 욕구를 표현하는 일이 중요한 것은 잘 알고 있다. 하지만 아이들은 어떻게 감정과 욕구를 표현해야 하는지 모를 때가 많다. 아직 어리기에 많은 감정 단어를 잘 모르기도 하고 어떤 행동과 말투로 해야 할지 어려워한다. 이를 위해 교사는 감정과 욕구 표현의 시범자 역할을 할 수 있다. 먼저 평소에 다양한 감정과 욕구를 표현하는 단어를 아이들에게 알려주어야 한다.

우리 반은 아침에 오면 자신의 감정 상태를 점검하는 시간을 갖는다. 아이들에게 어려운 감정 단어들은 하나씩 차근히 알려주기도 한다. 이를 통해 감정과 욕구를 나타내는 단어를 배우고 자신의 마음을 표현할 수 있도록 연습한다. 이를 위해 사용하는 방법 중 한 가지인 '행감바 말하기'이다. 행동, 그로 인한 감정, 바람(욕구)을 이야기하는 말하기 법인데 교사인 내가 먼저 시범을 보이고 아이들과 여러 장면으로 말하기 방법을 연습해 본다.

이 말하기 방법이 진가를 발휘할 때는 친구와 다툼이 있는 경우이다. 화가 난 상태에서는 행감바로 이야기하기가 쉽지 않다. 조금 진정되면 교사가 차근차근 단계대로 이야기하도록 도와줄 수 있다. 그러면 자신의 감정을 말로 해보는 활동 자체로도 아이는 위로와 인정을 느끼게 된다. 이것이 반복되면 교사 없이도 아이들은 다툼이 있을 때 하트 모양 '화해 Zone'에 가서 자신의 감정과 욕구를 말하고 존중받는 경험을 하게 된다. 교사는 힘을 덜 쓰게 되고 아이는 스스로 해결하는 법을 터득하게 되어 둘 모두에게 긍정적인 효과를 주게 된다.

3. 관계 중심 교실 상담의 실제

1) 학생·부모 혼합 상담 사례 – 그래서 교보문고에 안 간다

언제나 나를 심장 떨리게 하는 문자, '선생님, 잠깐 통화 가능하신가요?'

그날도 나는 이 문자를 받았다. '아파서 자주 학교를 못 나왔는데 무슨 일이 생겼나? 별일 아니겠지……' 불안한 마음을 다독이며 답장을 보냈다. '있다 아이들 다 보내고 14시 30분쯤 전화 드리겠습니다.' 그리고 정확히 14시 30분 학부모님과 전화 상담을 시작했다. 그리고 심장이 철렁했다. 며칠째 아파서 학교를 나오지 않고 있는 아이가 알고 보니 등교를 완강히 거부하고 있었던 것이다. 아이가 죽고 싶다고 이야기를 한다고, 그리고 그 원인이 모두 우리 반의 다른 아이들 때문이라고 이야기하시는 학부모님의 이야기를 듣는데 머리가 복잡해졌다. 아이가 교사인 나도 신뢰할 수 없고 교사가 할 수 있는 것은 아무것도 없다고 말했다고 한다. 그 아이가 갑자기 등교를 거부하는 것도 그렇고 그 이유가 되었다는 우리 반 아이들의 괴롭힘도 말이 안 된다고 느껴졌다. 뭔가 다른 큰 이유가 있는 것 같은데 그것은 빼놓고 아이가 학교를 가기 싫어하는 이유가, 죽고 싶어 하는 이유가 우리 반 아이들, 신뢰할 수 없는 교사라고 하니 속이 상했다. 그 아이만큼 다른 아이들도 나에게는 소중한 제자인데 그 아이들을 한순간에 학교폭력 가해자로 몰아가는 그 아이와 학부모님에 대해 반감이 생겼다. 그동안 내가 아이들을 위해 한 노력이 별 볼일 없는 것으로 추락해버렸다. 화가 났고 등교를 거부하는 아이의 마음과 아이로 힘들어 하는 학부모님의 마음에 전혀 공감할 수 없었다. 무슨 말을 해도 나는 그 사람들의 편에 서지 않으리라 마음을 돌처럼 굳혀 버렸다.

그리고 이런 내 마음을 느꼈는지 이어지는 학부모님의 가시 돋친 말,

"저는 이게 학교폭력으로 처리해야 할 문제 같은데 선생님은 이 일의 경중 대해 어떻게 생각하시나요? 학교는 이런 사안을 어떻게 다루죠?"

나를 떠보는 말이라 여긴 나는 전혀 마음을 담지 않은 채

"아이가 많이 힘들었던 것 같네요. 저도 교사로서 알아주지 못해 미안합니다. 다만 제가 학교폭력이다 아니다를 결정할 수는 없을 것 같습니다."라고 차갑게 대답했다.

그러자 학부모님은 그럼 학교폭력 담당자에게 직접 연락을 하겠다며 담임 선생님이 할 수 있는 것은 아무것도 없으니 자기가 직접 일을 처리하겠다고 했다.

나는 스멀스멀 올라오는 화를 억누르며 이야기했다.

"아니요. 제가 직접 담당자님께 말씀드리고 다시 연락드리겠습니다."

학부모님은 담당자, 교감선생님께도 다 알려서 이 사안을 학교에서 어떻게 해석하는지 가벼운 사안인지 무거운 사안인지 알아오라고 했다. 그 말에는 '어디 한 번 두고 보자. 내 아이가 이렇게 힘들어 하는데 교사인 너는 그렇게 밖에 반응하지 못하니? 잘 이야기하고 와. 학교에서 내놓는 입장이 마음에 들지 않으면 다른 조치를 취할 거니까.'라는 의미가 담겨 있었다.

그날 급하게 학교폭력담당 선생님과 교감선생님께 면담을 요청했다.

그리고 이 학부모와의 상담 내용에 대해 말씀드렸다. 학부모가 원하면 학교폭력 매뉴얼대로 처리하는 것이 안전하다는 현실적인 이야기를 들은 후 다시 교실로 돌아와 학부모님께 전할 말을 정리하여 적었다.

'담당자가 사안의 경중을 따질 수 없습니다. 당사자가 가볍게 넘길 수 없다면 그 의사를 존중합니다. 학교폭력으로 접수를 원하시면 접수를 도와 드릴 것이고, 절차는 알고 계시듯 사안 조사부터 시작됩니다. 그리고 내일 관련 아이들과 이 사안에 대해 이야기하게 될 것입니다.'

내일 그 학부모님께 이렇게 말하리라, 그리고 그냥 학교에서 처리하라고 한대로 하고 마음 쓰지 않으리라 마음을 먹었다.

한참을 멍하니 내가 쓴 글을 바라보았다. 이건 누구를 위한 문제 해결 방법일까? 힘들어 하는 아이는 어디가고 어른들의 자존심 싸움과 몸사림만 남았다. 어떻게 해야 할지 막막했지만 한 가지는 확실했다. 이렇게 하면 나와 아이, 학부모와의 관계는 완전히 끝난다는 것.

다음날 학부모님과 다시 대화를 시작했다. 어제 써둔 학교폭력절차를 간단히 설명 드렸다. 그리고 거기서 멈추지 않았다.

"여기까지가 제가 어제 알아본 사안 처리 절차입니다. 이렇게 진행하겠다 하시면 그대로 진행하겠습니다. 하지만 드릴 말씀이 있습니다."

숨을 고르고 다시 말을 이었다.

"죄송합니다. 어제 학부모님의 전화를 받고 저도 놀라고 당황스러워 아이와 학부모님의 마음을 제대로 읽지 못했습니다. 힘들어 하는 아이의 마음과 죽고 싶다고 하는 아이를 바라보는 학부모님의 무너지는 심정을 제가 먼저 생각하지 않았습니다. 다시 한 번 죄송합니다. 제가 아이를 만나 이야기해 볼 수 있는 기회를 주십시오."

잠깐의 침묵이 흘렀다. 자신도 화가 나고 흥분했었다고, 죄송하다고 말씀하시는 학부모님은 아이에 대한 또 다른 이야기를 시작하셨다. 어떻게 해야 할지 모르겠다고 하시는 학부모님께 나는 다른 것보다 아이가 도대체 어떤 생각을 하고 있고, 어떤 상태인지 궁금하며, 이 모든 것을 아이의 입으로 듣고 싶다고 이야기했다. 어떤 방법을 써서든 아이를 만나야 할 것 같았다. 아이가 등교를 거부한다면 외부에서라도 좋으니 아이를 만나서 이야기를 하게 해달라고 학부모님께 간곡히 부탁을 드렸다. 학부모님은 왜 그렇게까지 하시냐고 물었고, 나는 내가 책임지고 있는 아이이기 때문에 어떤 일이 생기든 내가 해볼 수 있는 것은 다해서 책임을 지는 것이 옳다고 생각한다 말했다. 그러자 학부모님의 입에서 아이에 대한 진짜 이야기가 시작되었다.

"사실 우리 아이는 다른 아이들과 달라요."라며…….

학부모님의 이야기가 끝난 뒤 흩어졌던 모든 퍼즐 조각이 맞춰졌다. 그렇다고 내가 문제를 해결할 실마리를 찾은 것은 아니다. 그리고 학부모님의 한 마디가 이어졌다.

"선생님만 전적으로 믿겠습니다."

교사 경력 4년에 아이도 낳아 길러본 적 없는 나를 전적으로 믿는다라……. 부담스러움에 속이 울렁거렸다.

이후 나와 학부모님의 첩보작전이 시작되었다. 일요일 이른 저녁 교보문고에서 우연한 만남을 가장하여 아이와 대화를 시도해 보기로 했다. 아이와의 만남을 기다리며 매일 수천수백 가지의 상상을 하며 피가 말랐다. 아이가 나를 보고 도망을 가면 어떡하지? 아이랑 무슨 이야기를 하지? 만남을 앞두고 학부모님은 자신이 나에게 아이에 대해 말한 것을 아이가 알게 해서는 안 된다고 했다. 차 떼고 포 떼고 손에 아무것도 쥐지 않은 채 적이 오길 기다리는 장군이 이런 기분일까. 그날을 앞두고 나는 기도 밖에 할 수 없었다. 아무런 준비도 하지 못한 채 맞이한 작전 개시일. 어색하고 서툰 어른들의 연기에 아이의 순수함이 더해져 기적처럼 작전은 성공했다. 학부모님은 볼 일이 있으니 선생님과 잠깐 이야기를 하고 있으라고 하고 자리를 비우셨고 약간은 불안해하는 아이와 두서없는 대화가 시작되었다.

　우리는 책을 함께 읽었다. 아이와 자연스럽게 대화를 이끌어내기 위해 그림으로만 이루어진 책을 선택했다. 그동안 집에서 무엇을 했는지, 동생이 어떤지, 무엇을 좋아하는지, 요즘 관심사는 무엇인지. 길게 이야기하지 않지만 아이가 짧게 짧게 들려주는 이야기에 최대한의 반응을 하려고 노력했다. 감사하게도 아이는 나와의 비밀 만남을 좋아했고 우리는 그 후 몇 번 더 교보문고에서 만났다. 아이는 드문드문 학교에 모습을 보이기 시작했다. 그 아이가 교실에 오는 날이면 누가 이 아이의 기분을 상하게 하지는 않을까, 내가 실수하지는 않을까, 내 몸의 모든 신경이 곤두섰다. 학부모님과도 매주 1~2회 상담을 했다. 상담 중 학부모님은 아이가 "선생님이 무서운 분이 아니었어."라는 말을 했다고 전해주셨다.

　힘들었지만 이런 과정을 통해 아이는 결국 학교에 마음을 열고 학교를 좋아하게 되었고, 매일 학교를 즐겁게 다니고 있다. 학부모님도 내가 아이 생애 최고의 교사라며 눈물로 감사를 표현하셨다.

　이렇게 글이 마무리 되었다면 이 이야기를 쓰는 의미가 없다. 내가 독자라면 '에이, 김샜네. 뻔한 이야기네.' 할 것이다.

　여기 진짜 이야기의 결말이 있다.

　아이는 진급을 할 때까지 내 신경을 곤두서게 했고, 마음 속 학교에 대한 불신과 부정적인 감정은 사라지지 않았다. 학부모님께도 눈물과 감동의 메시지는 받지 못했다. 그래도 아이가 학교에 나왔고, 종업식 때까지 나와 함께 했으니 그걸로 된 것이 아닐까. 지금은 진급을 하여 다른 반에서 매일매일 학교를 잘 다니고 있으며 아직 작년과 같은 문제로 등교를 거부한다는 이야기는 듣지 못했다. 급식실에서 또 교실에서 지나갈 때 만나면 웃으며 인사하고, 가끔 아이가 나의 교실로 찾아와 "안녕하세요?" 인사를 하고 간다. 그것으로 만족한다. 길을 가다 아이의 학부모님을 만나도 웃으며 인사할 수 있다. 나는 아이와도 학부모과도 관계가 어긋나지 않았다.

내가 그때 그냥 학교폭력 처리 절차를 밟았다면, 아이와 부모의 마음에 억지로라도 공감하지 않았다면, 먼저 죄송하다 말하지 않았다면, 어설픈 첩보작전에서 횡설수설하며 어떻게든 아이를 붙잡으려 하지 않았다면, 지금 나, 그 아이, 학부모 모두 어떻게 지내고 있을까?

차를 타고 교보문고를 지날 때면 주말마다 있었던 그 아이와 학부모님과의 비밀 만남이 떠오르며 웃음이 난다. 그 사람들은 기억할까? 그래서 나는 교보문고에 안 간다.

2) 학생 개인 상담 사례

C는 1학년 때부터 유명 인사였다. 선생님의 걱정이라는 꼬리표를 달고 학년에 올라왔다. 수업 시간에 다 안다며 딴짓을 하며 친구들을 방해하고, 노래까지 부르며 교사를 건드린다. 쉬는 시간에도 친구들을 방해하고 툭툭 치며 건드려서 늘 갈등의 중심이었다. 급식줄을 섰다가

자기 마음대로 끼어들기, 앞뒤 사람 툭툭 쳐서 시비 걸기, 심지어 시험 때는 안 본다며 교실 바닥에 누워있어서 다른 아이들까지 시험을 못 볼 정도였다. 한 마디로 교사의 통제를 벗어난 행동들을 수시로 하였다. 수업 시간에도 자주 위클래스에 올 수밖에 없는 상황이었는데 교실로 가지 않으려 한다든지 나이에 맞지 않는 성적인 내용들을 이야기하기도 하였다.

심리검사와 상담을 통해서 아이를 더 깊이 들여다볼 수 있었다. 물고기 가족화, HTP(집-나무-사람 검사), 문장완성검사, 부모양육태도검사(자녀용) 정도를 실시한 후 부모상담을 요청하였다. 물고기 가족화에서는 필압은 강하나 가족이 서로 갈라져 있었고, 나와 아빠는 작게, 엄마는 크고 무서운 상어로 위에 그렸고, 잦은 부속물들을 그려 넣어 관심 받고 싶은 마음을 표현하였다. HTP에서도 필압은 강하였으나 모두 어둡고, 지시에 따른 그림을 그리지 못했다. 문장완성검사에서는 나에 대해서는 잘하는 것은 많으나 나쁜 사람이다, 아빠는 좋은데 엄마는 나쁘고 무섭고, 친구들은 나를 싫어하고, 외딴곳에 갈 때는 나 혼자 가서 동물들과 산다고 표현했다. 부모양육태도(자녀용)에서는 매우 비일관적이고 감시, 감독, 통제가 심하고, 성취압력이 매우 높게 나왔다.

부모상담을 요청하자 다행히 두 분 다 내방하셨다. 그 전에 담임교사께 요청하여 교실 내 관계, 수업 태도, 교사와의 관계에 대한 정보를 받아놓았다. 어머니는 결혼도 안 하고 성공하고 싶었다고 하셨다. 그렇다 보니 똑똑한 아들에게 선행학습도 많이 시키시고 학원을 많이 보내며 다그치셨고, C는 엄마를 무서워하면서도 그것을 다 해내고 있었다. 외동이어서 조부모의 사랑과 경제적 지원도 많이 받고 있고 아빠도 성취지향으로 아이들 키우며 그 외적인 부분에서는 절제, 인내 등을 가르치지 않아 이기적이고 자기중심적인 태도가 배어있었다. C는 한 마디로 공부만 잘하는 된다는 가치 속에 나머지 가치들은 배우지 못하고 초등학교를 지나가고 있었던 것이다.

담임교사의 자료를 토대로 C가 교실에서 어떤 문제를 가지고 있고, C가 자라면서 이기적이고 자기중심적이고 친구들을 존중하지 않을 때 받게 될 어려움에 대해 이야기를 나누었다. 공부도 중요하지만 지금은 C를 정서적으로 더 친밀하게 안아주고, 가족이 같은 활동, 예를 들어 자전거 타기, 보드게임 등을 같이 하기를 권했다. 그리고 어머니와 감정을 전달해보는 연습을 하였다

"네가 그렇게 행동했을 때 상대방의 마음은 어떨 거 같아?"

"네가 그렇게 학교에서 싸워 전화가 오니까 엄마는 마음이 속상해."

그리고 엄마와 아빠가 자녀의 행동에 서로 의견을 조율할 수 있기를 조언하였다. 아버님은 '남자는 싸워도 돼. 싸우면 이겨야지'라는 생각을 가지고 있어서 엄마와 갈등이 심했다. 아버님께 요즘 싸우는 것이 얼마나 위험하고 법적인 문제까지 갈 수 있으며 감정을 전달하며 대화로 해결하는 것의 중요성을 말씀드렸고, 두 분께 관계 능력을 향상할 수 있도록 조언하며 '나-전달법'을 같이 연습하고 감정카드와 참고도서 등을 안내하였다.

그 후 C는 수업 시간에 점점 얌전해졌고 무엇보다 교사와의 관계가 서서히 회복되어 지시를 따르게 되었다. 부모님과의 관계가 좋아지니 먼저 교사와의 관계가 좋아진 것 같았다. 친구들에게 짓궂게 대하는 태도는 그 이후에도 종종 있었다. 하지만 아이들이 자라면서 C에게 '너의 그런 태도는 나빠!'라고 정확한 피드백을 주며 거리를 두자 C도 더이상 그런 태도를 취하지 않게 되었다. 또래들과의 관계에서는 이미 습득된 자기중심적이고 이기적인 태도를 쉽게 바꾸지 못했지만 성장하면서 변화할 것이라고 믿는다.

3) 학생·친구 관계 상담 사례

올해 3학년을 맡았는데 반에서 유독 앙숙처럼 싸우는 남학생 2명이 있다. 서로를 못 잡아먹어 안달이 난 것처럼 한 사람이 발표하면 앉아서 발표를 비판하거나 교실 끝과 끝에 앉혀놔도 수업 시간에 소리를 지르며 말다툼을 하기도 했다. 둘 다 또래보다 덩치도 크고 목소리도 커서 수업에도 방해가 되었고 나도 그 에너지를 감당하기 힘들기도 했다.

3월 초 두 아이는 서로를 소울 메이트라고 할 정도로 친하게 지냈다. 어떤 다툼으로 서로 사이가 틀어지게 되었는데 그 뒤로는 꾸준히 서로 물고 뜯기를 반복했다. 내 기억이 안 날 정도로 사소한 다툼이었는데 갑자기 그 뒤로 한 친구가 다른 친구에 대한 마음의 문을 아예 닫아버린 것 같았다. 개인별로 상담을 하는 도중 둘의 관계가 1학년 때부터 꼬이기 시작하였다는 사실을 알 수 있었다. A와 B라고 가정하면 A는 목소리가 크고 활동시 주도적이며 힘이 세다. 작은 일에도 화를 잘 내는 편이다. B는 키와 덩치는 A보다 더 크지만 A가 하자는 대로 시키는 대로 한다. 그런 관계가 지속되며 B가 알게 모르게 계속 속을 썩였고, 부모님과 상담 중에 B가 학교생활에 매우 스트레스 받아 했다는 것을 알게 되었다. 2학년 때 A가 B의 부모님 관련된 욕을 하였고 그때의 사건이 B에겐 큰 상처가 되었다. 3학년인 지금에도 작은 다툼이 생기면 B는 현재 사건에서 벗어나 2학년 때 이야기를 끝까지 하였다. 처음에는 현재 사건에 대한 이야기만 하자며 그 일을 덮어 주었지만 더는 계속되면 안 되겠다는 느낌이 들었다. 각자에게 시간을 충분히 내어 이야기를 들어주는 것부터 시작하였다. 그때 어떤 일이 있었는지, 그때 네 마음은 어땠는지, 어떻게 하고 싶은지 등등 듣다 보니 그 아이의 마음이 이해되었다. 서로를 불러 처음에 있었던 일부터 현재까지 서로 이야기하고 그때의 감정을 나누다 보니 많은 오해가 있었고 또 수없이 사과하고 싶었지만 타이밍을 잡지 못한 A의 마음도 알게 되었다. A가 자신의 마음을 이해하고 사과하고 싶었다는 사실을 안 순간 B의 마음은 그 자리에서 자연스럽게 치료되고 있었다. 서로 사과하고 오해를 푼 후 두 친구는 예전처럼 돌아가진 않았지만 작은 다툼이 있을 때 더는 과거의 이야기는 하지 않았다.

이 사건을 통해 나는 아이를 아이의 존재로만 보고 그냥 덮어버리려고만 했던 나 자신이 부끄러웠다. 어떤 사건을 통해 생긴 상처를 그냥 내버려 둔 채 계속 상처들이 쌓이면 속에서 곪아버린다. 아이들도 마찬가지이다. 시간이 없다는 이유로 그냥 방치하면 그것들이 오히려 계속 더 시간과 마음을 갉아먹는다. 수업을 제시간에 못하더라도 아이의 정말 깊은 곳까지 들여다보는 것이 훨씬 값지다는 것을 깨달았다. 아이 한명 한명에 그 순간만큼은 다른 생각 말고 온전히 시간을 쏟는 것, 상처를 보고 그냥 넘어가지 않는 것, 이것이 나와 아이, 친구와의 관계를 단단하게 만든다.

학급 내에서 일어나는 친구 관계의 두 번째 사례는 여자아이들 간의 다툼이다. 학년이 바뀌어도 여자아이들 사이의 친구 관계에 대한 고민과 걱정은 매년 마주하였다. 그중 한 사례는 인기 많은 여자아이를 차지하려는 문제이다. 내가 봐도 야무지고 공부는 물론 춤, 노래까지도 잘하는 한 여자아이가 반에 있었다. 몇몇 여자아이들은 그 친구를 차지하기 위해 소리 없는 싸움을 하곤 했다. 3학년 아이들임에도 불구하고 '어쩜 머릿결이 이렇게 부드럽냐?' '선생님~ ○○이 너무 예쁘지 않아요?' '글씨도 너무 예뻐요.' 등등 온갖 그 친구가 듣기 좋은 말만 쉬는 시간마다 둘러앉아 이야기하곤 하였다. 교사인 내가 볼 때 그 모습이 조금 안쓰럽기도 하고 진짜로 저렇게 생각할까 하는 의문도 들었다. 여기까지는 큰 문제가 없었다. 하지만 나머지 친구들이 무리지어 서로 인기 많은 친구를 데려가려고 서로를 헐뜯고 따돌리고 하는 문제가 발생했다. 인기가 많은 그 여자아이도 '네가 저 애랑 놀면 나도 너랑은 안 놀아'하는 방식으로 자신과 친해지고 싶은 친구들에게 그것을 이용하여 상처를 주기도 했다. 사건이 막 벌어질 때는 교사인 내가 보기엔 인기 많은 여자아이가 조금 얄밉기도 하였다. 자신과 친해지고 싶은 마음을 이용해 마음대로 하는 것 같이 보였기 때문이다.

서로의 마음을 이야기하고 사과하는 과정이 계속 반복되었지만 나아지지 않는 상황에 그 인기 많은 여자아이에 대한 편견을 최대한 배제한 채 그 아이의 이야기도 들어보기로 하였다. 그 아이에게 친구 관계에 대한 어려움은 없는지, 어려움이 있을 때 네 마음은 어떠한지 그 아이 자체 '나'에 대한 질문을 하고 들어주는 시간을 가졌다. 그런데 그 친구가 갑자기 눈물을 펑펑 쏟으며 다른 친구들과 다양하게 놀고 싶은데 자꾸 구속하려고 하는 몇몇 친구들 때문에 너무 힘들다고 이야기하는 것이었다. 그쪽으로는 생각해 본 적이 없는데 그 아이의 마음을 알 수 있었고 이해할 수 있었다. 교사의 눈으로 보기에 드러나지 않은 사건들에까지도 그 아이에 대해 단정해버린 나를 되돌아보게 되었다. 각자의 이야기를 직접 듣기 전에 편견을 갖지 않으리라는 생각도 하게 되었다. 가장 중립적인 입장에서 모두의 이야기를 들어봐야 사건의 본질을 해결할 수 있다는 것이다.

아이들의 친구 관계에 대해 상담을 하며 드는 의문점이 있다. 이 문제에 대해 사람마다 의견이 다르므로 조심스러운 부분이지만 단순히 나의 의견은 이러하다. 첫 번째 의문점은 성격이 맞지 않는데 서로 이해하고 끝까지 친하게 지내라고 하는 것이 과연 옳은 것일까하는 것이다. 반 아이 중 굉장히 활달하고 여기저기 참견하기 좋아하는 성격의 여자아이도 위에서 이야기한 A 친구도 하루에 수십 번 싸운다. 둘 다 자기 목소리를 내는 것에 익숙하고 목소리도 크다. 수업 시간에도 옳지 못한 것을 보면 절대 그냥 넘어가지 않는다. 내가 보기엔 둘의 성격이 비슷해서 오히려 갈등이 계속되는 것 같다. 옛날 같았으면 서로를 이해하고 배려하라고 했을 텐데 요즘엔 이런 친구들을 보면 서로의 성격이 이런 부분에서 맞지 않는 것 같고 적정선을 지키며 학교생활하는 것을 권하기도 한다. 교사인 나도 사회 생활하며 성격이 맞지 않은 선생님들을 만나지만 굳이 서로 부딪히며 깊은 관계를 위해 노력하는 것이 나를 더 갉아먹고 있는 것을 경험하였기 때문이다. 오히려 선생님으로서 서로를 위해 선을 지키며 생활하는 것이 둘 모두에게 더 좋은 영향을 끼치는 것이다. 힘든 사람을 좋아하라고 해서 억지로 좋아할 수 없는 것처럼 작은 사회인 교실 안에서 아이들도 서로의 선을 지키며 건강하게 생활하는 법을 배워야 한다고 생각한다.

두 번째 의문점은 이성 간에 서로 좋아하고 사귀는 부분이다. 이성 간 서로 좋아하고 끌리는 것은 사람의 본능적인 영역이라 이것을 교사가 관여해야 하나 말아야 하나 매년 고민이다. 아이들이 '선생님 누구누구가 사귄대요.' 했을 때 교사인 나는 반응을 어떻게 해야 할까. 축하해줘야 할까, 못 들은 척 해야 할까, 그러면 안 된다고 해야 할까 고민이다. 누군가를 순수하게 좋아하고 그저 눈만 마주쳐도 쑥스러워했던 나의 학생 때 이야기가 '라떼는 말이야' 하며 일명 꼰대처럼 아이들에게 비춰질까 하는 생각도 들었다. 진심으로 걱정되는 부분은 사귀고 난 후 신체적 접촉에 대한 부분이다. 요즘 아이들은 굉장히 성숙하고 서로의 감정 표현에 대해 거침없다는 것을 느낀다. 하지만 아직 몸은 완전히 성숙하지 않았고 그에 대한 인식도 확실하지 않기에 이 부분에 대해서는 굉장히 단호하게 다루는 편이다. 그리고 둘 관계로 인해 다른 친구들이 불편해하지 않도록 서로 배려하고 예의 있게 행동하는 것을 강조하고 있다. 이런 주제들은 정답이 없다. 하지만 기본적인 틀은 정해놓은 채로 어떻게 지도해야 할지 동료 선생님들과 이야기할 기회가 많았으면 좋겠다.

4) 학생·가족 관계 상담 사례

3월 초, 학기 초 적응 활동 기간에 하는 활동 중 '조각상 만들기'와 '나의 영역 알아보기'가 있다. '조각상 만들기'는 연극 표현 활동 중 하나로, 자신의 몸이 조각상이 되었다고 생각하며 표현하고 싶은 자신의 모습을 정지 동작으로 표현하는 것이다. '나의 영역 알아보기'는 교육 활동용 밧줄로 나의 발 주위에 동그라미를 만들며 '나의 영역'을 표현해 보는 것이다. 발 주위의 동그라미는 타인이 접근할 수 있는 선이나 범위를 말한다. 가령 가족과 같이 친밀한 관계는 발 주위의 동그라미를 작게 만들어 '가족들은 여기까지 가까이와도 괜찮아요.'라고 표현하고, 만나기 싫은 친구는 발 주위의 밧줄을 넓게 잡아 '그 친구는 밧줄 밖에 있으면 좋겠어요.' 또는 '이 정도로 나한테 안 오면 좋겠어요.'라고 하는 감정과 관계의 정도를 표현하는 것이다.

6학년 친구들과 이러한 활동을 하는 중에 한 친구가 밧줄로 최대한 넓게 만들 수 있는 만큼 동그라미를 만들기에 이렇게 멀리 있고 싶은 사람이 누구냐고 물었다.

"와! 밧줄이 교실을 다 차지하네. 이렇게 멀리 있고 싶은 사람이 누구니?"

"형이요. 형이 무서워요."

〈 '밧줄 영역 만들기'의 표현 〉

나의 공간과 영역을 갖고   멀리 피하고 싶은 사람   관계가 얽혀있거나 무엇
가족과 친구를 대하는 경우   이나 관계가 있는 경우   인가에 억눌려 있는 경우

조각상 만들기에서는 몸은 웅크리고 손으로 머리를 가리는 듯한 몸
짓으로 조각상을 만들었다.

"이 조각상은 어떤 조각상입니까?"

"형이 때리려고 해서 몸을 피하려고 하고 있어요."

"형이 어떻게 때리려고 하죠?"

"주먹으로 때릴 때도 있고, 손에 잡히는 것은 무엇이든지 잡고 때려요."

"도망을 가거나 피할 수는 없나요?"

"도망가거나 피하다가 잡히면 더 맞아요."

얼마 지나지 않아 등교한 아이의 얼굴과 팔에는 시퍼런 멍이 들어있
었다. 자초지종을 물으니 역시 형에게 맞은 것이었다. 사진을 찍고 즉
시 관리자 분들께 상황을 말씀드렸다. 학부모와 위센터에 연락하여 학
생 본인, 관리자와 담임교사, 위센터 상담교사, 학생의 아버지가 만나
이야기를 나누었다. 역시나 아버지는 그저 남자 형제가 다투는 줄로 알

고 있었고 이렇게 심각한 줄 몰랐다고 했다. 앞으로는 형이 동생을 때리는 일 없도록 주의시키겠다고 말씀하셨다. 학교 측에서도 학교는 가정폭력 신고의 주체자로서 재발시 신고가 필수임을 말씀드렸다. 아이는 아버지께 처음으로 털어놓게 된 마음의 짐에 서러움이 폭발했는지 내내 울었다. 아버지는 아이의 어깨를 다독이며 함께 귀가하셨다.

그러나 한 달도 채 되지 않아 같은 일이 다시 발생하였다. 이야기를 들어보니 부모님은 같이 살고 계시지 않았다. 형제가 어릴 때 부모님은 이혼하셨고 아빠와 아이들이 시골의 할아버지 댁에서 할머니가 최소한의 집안일을 하며 보살피셨는데, 새엄마가 생기면서 아빠는 도회지로 나가 살게 된 것이었다. 아빠가 집에 늦게 들어오거나 며칠에 한 번 들어왔을 때도 보이지 않게 이러한 일들이 있었는데 아예 두 형제만 남겨졌으니 약간의 브레이크마저도 없어진 상태가 된 것이다.

상황의 심각성에 대해 다시 아버지에게 연락하였다. 가정폭력 신고에 대해 다시 한 번 강력하게 말씀드린 후 두 형제 모두 위센터를 통해 상담하기를 제안하였다. 아버지는 큰아이에게 잘 이야기하겠다고 거듭 말씀하셨다.

아이가 위센터에 다니게 된 것을 확인하고 몇 주가 지나지 않아 아버지에게 연락이 왔다. 형이 상담센터 가기를 거부한다는 것이었다. 형이 다니는 중학교에 전화를 걸어서 형의 담임 선생님을 찾았다. 담임 선생님께 상황을 설명해 드린 후 형의 학교생활에 대해 문의하였다. 담임 선생님의 대답은 정말 의외였다.

"어머! ○○이 학교생활 정말 성실해요! 아침에 일찍 와서 창문도 다 열어놓고 제가 말하기 전에 환기도 다 시켜놓고요. 심부름도 잘하고, 공부를 잘한다고 할 순 없지만 착한 학생이예요."

아버님께 연락을 드렸다. 위센터에서 상담 받지 않으면 학교 상담실에서 상담할 수밖에 없다고. 그랬더니 아버님에게 바로 연락이 왔다. 형이 위센터를 가기로 했다는 것이다. 중학교에서는 교내 상담실을 가면 뭔가 문제가 있거나 벌을 받는 것으로 또래끼리 생각한다고 했다. 학교에서 착한 학생으로 살아가는 형에게 학교 상담실은 자신의 이미지를 깨는 엄청난 일인 것이다.

형은 어릴 때 부모님이 이혼하고 엄마가 멀리 떨어져 살면서 자주 볼 수 없는 상황에 큰 상실감을 얻은 것 같았다. 그에 대한 분노는 가장 가까운 약자에게 떨어졌다. 무슨 일이든 꼬투리를 잡고 자기 신경을 거슬리면 욕과 함께 주먹을 날렸다. 사실 형은 학교에서 친구들이 게임 레벨을 올려달라고 하면 PC방에 가서 죽치고 앉아 레벨 올려주는 게임 셔틀을 당했다. 하기 싫어도 싫다고 말하지 못했고, 또한 그것이 무리에 소속되는 방법이라고 생각하는 것 같았다.

형이 동생을 죽도록 미워해서 그렇게 때렸다고 누구나 생각할 법한 이 스토리에서 형의 한 마디가 심장을 쿵 때렸다.

"동생이 안쓰러워요. 너무 어릴 때 부모님이 헤어지셔서. 나라도 잘 해줘야 하는데. 화가 나면 어떻게 할 수가 없어서……."

상담 이후 형이 동생을 때리는 일은 없어졌다. 아버지와 새엄마는 아이들을 함께 데리고 살기로 했다. 아파트에서 각자의 방을 만들었다고 했다. 각자의 물건과 영역이 생겨서 다툴 일도 현저히 줄어들었다. 아이는 새엄마에게 사랑한다고 쪽지를 자주 쓰고 새엄마가 힘들면 위로도 잘한다고 했다. 새엄마마저도 떠날까 싶어, 새엄마에게 사랑받고 싶어서 무척 애쓰는 것 같았다. 그래도 전보다 훨씬 행복해 했다.

나쁜 부모는 있어도 나쁜 아이는 없다고 누가 그랬던가. 부모도 나쁜 부모 하고 싶은 사람이 어디 있겠는가? 다만 내 안의 아이를 잘 위로해 주지 못해 밖으로 상처를 더 만들 뿐이다.

5) 학생·교사 관계 상담 사례

5학년 담임을 할 때이다. A에 대한 이야기는 반을 맡으면서부터 전년도 담임선생님으로부터 들을 수 있었다. 작년에 그렇게 교실 밖을 뛰쳐나가고 그래서 담임선생님이 힘들어했다는 이야기였다. 전 담임 선생님에게 들은 A에 대한 이야기는 이랬다.

A의 엄마 아빠는 이혼 상태이다. 그래서 아빠와 함께 사는데 A는 마음에 큰 상처를 입고 있었다. 3학년 때 엄마와 아빠의 불화로 엄마와 아빠가 싸우는 과정을 다 지켜봤고 아빠와 할머니와 함께 사는데 A를 돌봐주시는 할머니는 A 엄마에 대한 미움 때문에 A도 미워하고 잘 돌봐주시지 않는다는 것이다.

A는 두 가지 문제행동이 있었다. 첫 번째는 계단 난간에 위험하게 매달리는 등의 위험한 행동을 한다는 것이다. 이렇게 위험한 행동을 하는 이유는 가족들에게 받지 못하는 사랑과 관심을 위험한 행동을 통해 친구들과 선생님에게 받으려는 보상심리인 것으로 파악되었다.

두 번째는 수업 중이나 쉬는 시간에 본인을 자극하는 말이나 행동과 마주하면 교실에서 뛰쳐나간다는 것이다. 마음에 상처를 가지고 있는 A는 교실에서 친구들과 사소하고도 잦은 트러블을 일으켰다. 교실에서 신체를 스치기만 해도 친구들이 시비를 건다고 생각하고 함께 놀다가도 아이들이 웃기라도 하면 자신을 비웃는다고 생각했다. 그 분노와 화를 참지 못하고 뛰쳐나가고 A가 뛰쳐나가면 A를 잡기 위해 쫓아가는 아이들에게서 도망가며 그것을 즐기는 듯한 모습을 보였다. 하지만 도망가더라도 계속 보이지 않는 곳으로 도망가지 않고 뒤를 쫓는 아이들과 일정 거리를 유지하며 도망가는 양상을 보였다.

A와의 상담은 첫 번째 목표를 '라포' 형성에 두었다. 친근함을 유지하고 계속해서 말을 걸고 잘못된 친구들의 놀림이나 괴롭힘은 차단하였다. 다른 학생들에게는 개인적으로 또는 A가 없는 상황에서 A는 마음이 현재 아픈 상황이니 이해해달라고 양해를 구했다.

"너희도 몸이 아플 때 옆에서 건드리면 조금만 건드려도 화가 나지? 그런 것처럼 A도 그런 거야." 이렇게 말해주고 자극적인 말과 행동으로 A를 자극하지 않도록 부탁하였다. 수업상황에서는 가능한 잘못하는 부분은 눈을 감았고 최대한 칭찬할 점을 눈여겨보아서 그런 상황이 생기면 그 즉시 칭찬을 하였다. 이런 상황이 반복되고 누적될수록 아이들에게 A에 대한 긍정적인 인식들이 심어지게 되었다.

두 번째로 감정은 받아 주되, 행동은 교정하는 데 두었다. 일단 문제는 화가 나면 교실을 뛰쳐나간다는 것이었다. 교실을 뛰쳐 나가지만 일정 거리를 유지하는 것으로 볼 때 화난 것을 삭히려는 목적도 있지만 관심받으려는 목적도 있어 보였다. 나는 아이들에게 쫓지 않도록 하였고 어느 정도만 따라가다가 안전이 확보되면 더 이상 쫓지 말고 교실에서 기다리게 하였다. 그러면 A는 쉬는 시간쯤에 다시 아이들 근처로 왔다가 다시 수업에 참여하였다. 그래서 A와 약속을 하게 되었다. A가 화가 나서 밖으로 뛰쳐나가고 싶으면 교실에서 떠나 일정 장소로 오라는 것이었다. 그 장소는 '교사 휴게실'이었다. 교사 휴게실이었지만 당시 학급수가 그리 많지 않았고 점심시간 이외의 다른 시간에는 교사들은 각자의 교실에서 수업을 하고 있어서 비어있는 경우가 많았기 때문이다. 설사 비어있지 않아도 교사 휴게실에 있으면 자신과 직접 관계가 없는 교사이므로 그냥 앉아있으면 내가 찾아오기로 하였다. 일종의 "안전 지대"를 마련해 놓은 것이다. 화가 나서 안전지대로 오면 "잘 왔다." "약속 지켜줘서 고맙다."라고 칭찬하였으며 사탕 등의 먹을 것을 주어서 기분이 좋아지는 공간이라는 인식을 심어주었다.

내 수업 중에는 별로 그런 일이 없었지만 내 수업에서 화가 나서 뛰쳐나가면 난 교실에 남아 있는 아이들을 단속하고 교사 휴게실로 가면 되었고, 교과전담 시간에는 교사 휴게실에서 쉬거나 업무를 하며 있다가 A가 오면 A를 맞이하고 사탕을 주고 위로하고 상담해 주었다.

A의 아버지와는 전화상담할 때 전문상담기관에서 상담을 받아 볼 것을 권하였다. 그런데 아버지는 A에게 "학교생활 똑바로 해라. 선생님이 너에게 정신이 이상하다고 했다."라고 했다 한다. A의 아버지도 이혼으로 인한 스트레스로 울분이 가득한 상태라 아버지와 이야기하는 것은 무의미하였다. 그래서 계속해서 A와의 관계 유지에 중점을 두었다.

이렇게 하자 A는 점점 일탈 행동이 줄어들게 되었고 담임교사가 자신에게 충분한 사랑과 관심을 주고 있다는 것을 인지해서인지 관심을 끌기 위한 행동도 줄어들었다. 하지만 감정의 격분으로 인해 나오는 일탈 행동 발생시에는 감정은 받아 주지만 일탈 행위에 대해서는 단호하게 대처하였다. 평소 담임교사의 태도에 대해서 잘 알고 있는 A는 단호함에 대해서는 오해하지 않고 지도로 받아들이게 되었다. 이렇게 점점 문제행동은 줄어들게 되었다. 1년을 보내고 나는 자청하여 A가 포함된 6학년 반을 맡았다. 6학년이 되어서 A는 다른 아이들과 다르지 않고 성적과 정서도 안정이 되었고 졸업할 때까지 큰 문제 없이 잘 지내게 되었다.

4. 학부모가 함께하는 관계 중심 상담

1) 학부모 상담 사례: 첫 번째

복합적 성향을 보이는 학생의 부모 상담

C는 물어보면 모르는 것이 없는 똑똑한 친구였다. '무엇이든 물어보세요.' 코너에 척척박사님으로 나가도 될 것 같았다. 그러니 1학년 학습 내용쯤은 껌 씹기였다고나 할까.

그러나 그런 C의 행동을 보면 참으로 받아들이기 어려운 것들이 많았다. 종이접기할 때 아이들은 그냥 편하게 좀 틀려도 즐겁게 하는데, C는 색종이를 반으로 접었을 때 양쪽의 크기가 1mm라도 맞지 않거나 접어서 완전히 겹쳐지지 않으면 얼굴을 하늘로 쳐들고 눈을 질끈 감고 울음을 참으면서 눈물을 줄줄 흘렸다. 무엇이든 완벽하게 마무리가 되지 않으면 못 견뎌했다. 하루 종일 무언가를 입에 넣고 빨았는데 연필 꼭지 정도면 아주 감사하고 안경의 귀걸이 부분은 물론, 입에 넣다 넣다 1인용 빗자루와 쓰레받기 꼭지도 빨았다. 이야기하면 그때는 알았다고 하고 어느 샌가 입으로 가져갔다.

수업 시간에는 대부분 바닥에 누워있었다. 1학기는 거의 바닥에 누워서 수업을 받았다. 이때 드는 의문! "선생님, 지도 안 하셨어요?" 지도를 안 했다면 이 글을 쓰지도 않았을 것이다. 바닥에 누워서 수업 받던 행동은 2학기에 다른 친구들이 "선생님, 왜 C는 맨날 바닥에 누워

있어요?"라고 말하였고, 내가 "C야, 친구들이 C가 매일 바닥에 누워 있다고 그러네."라고 하자 그때부터 의자에 앉아 수업을 받았다.

C가 기가 막히게 잘하는 것이 있었는데 물건정리였다. 수업 시간이고 쉬는 시간이고 일단 정리해야 할 부분이 조금이라도 보이면 사물함의 물건을 몽땅 꺼냈다. 그리고 10분이고 20분이고 마음에 들 때까지, 칼 각이 나올 때까지 정리했다. 정리된 결과를 보면 지금의 정리 컨설턴트도 울고 갈 정도였다. 문제는 쉬는 시간에 시작해서 수업 시간이 되어도 정리가 마쳐지지 않으면 수업에 임하지 않는다는 것이었다. 이럴 때 교사가 말해도 소용없다는 것을 아는 선생님들은 다 알 것이다.

"C야, 이것들 이따 쉬는 시간에 정리하면 안 될까?"

"안 돼요. 지금 꼭 다 해놔야 해요. 바로 정리 안 하면 혼나요."

1학년 첫 학부모 공개수업이었다. 여자아이들이 나와서 수를 외치고 들어가면 남자아이들이 나와서 다음 순서의 수를 외치고 들어가는 수업이었다. 남자아이들이 나왔는데 뒤에 부모님들이 와 계셔서 그런지 갑자기 하나둘 화장실을 가버리는 것이었다. "1학년들이 이렇답니다~" 학부모님들과 아이들이 폭소한 재밌었던 수업이었다.

그런데 수업이 끝나고 C의 엄마가 다가오시더니 이렇게 말하는 것이었다.

"아빠가 화가 많이 났어요."

"네? 왜요?"

"C가 의자에 똑바로 앉아 있지 않고 친구들이랑 떠들어서요."

"아이들 다 그래요. 이제 1학년인데 그게 자연스럽죠. 아버님, 이쪽으로 와 보시겠어요?"

담임인 내가 손짓을 하는데 C의 아빠는 굳은 표정으로 바라보기만 할 뿐 꿈적도 하지 않다가 돌아서 나가버렸다.

다음날 C에게 물으니 아빠가 무척 화가 나서 무척 혼났다고 했다. 앞으로 똑바로 앉아서 수업을 받기로 했다고 했다. 엄마는 아빠의 이런 훈육에 대해 뭐라 말하고 싶어도 말하기 어려워하는 듯했다.

한 번은 아빠가 차로 데리러 오셨는데 아이가 가방을 가지러 간 시간이 너무 길어지자 오랜 시간이 걸려 돌아온 아이에게 왜 늦게 되었는지 이유도 들어보지 않은 채 화를 내고 그냥 가버린 일도 있었다. 아이는 고개를 떨구고 한참을 서 있었다. 아빠에게 죄송하다고 전화를 몇 번이나 한 뒤에야 다시 아빠가 데리러 온 일도 있었다.

C는 외둥이였는데 부모님이 매일 늦게 오셔서 혼자 저녁을 먹고 혼자 TV를 보고 부모님이 오셔도 잘 때 혼자 자는데 잠이 안 와서 잠자리에서 오래 뒹굴거린다고 했다. 저녁도 대부분 볶음밥이라고 대답할 때가 많았고 냉동 피자나 컵라면일 경우도 많았다. C는 부모님이 늦게 와도 매일 볶음밥을 먹어도 부모님이 자기랑 놀아주지 못해도 항상 부모님께 괜찮다고 말한다고 했다.

C를 3학년이 되었을 때 다시 만나게 되었다. 1학년과 같은 행동이 계속되지는 않았지만 감정 기복이 무척 심했고 순간적으로 화가 나면 주먹이 오가기도 했다. 어머님이 바빠서 부모 상담 시간에 아버님과 이야기를 나누게 되었는데 아버님에게서 놀라운 이야기가 흘러나왔다.

"제가 어디서 강연을 들었는데요. 아버지의 성향이나 삶이 아들에게 대물림된다고 하더라고요. 그때 퍼뜩 정신이 들었어요. 제 어릴 적처럼 C를 대한 것 같아서요."

C의 아버지는 많이 맞고 자랐다고 했다. 왜 맞는지도 모르면서 그냥 아버지가 잘 키우려고, 자기가 잘못했나보다 하면서. 좀 크면서 공부하느라 나가 살았고 그래서 부모의 정을 잘 모른다고 했다. 그게 그냥 내 삶인가보다 하고 살아왔는데 어느 샌가 아이에게 완벽함을 요구했고

언제나 엄격했으며 남자니까 울면 안 된다고 늘 교육했다고 했다. 자신이 힘든 것을 전혀 내색하지 않은 것처럼.

"아이 엄마가 다른 지역으로 파견을 갔어요. 셋이 있을 땐 몰랐는데 아내가 없으니까 너무 삭막하고 힘이 들어요. 우울증 올 것처럼요."

C의 아빠는 아이한테 잘해주고 싶은 마음은 있는데 경험한 게 없어서 뭘 어떻게 해야 할지 모른다고 했다.

"아버님, C와 저녁을 같이 먹어 주세요. 먹을 때 조용히 먹으라고 하지 마시고 학교생활이나 C가 관심 있는 것에 대해 이것저것 물어봐 주세요. 저녁을 같이 먹지 못할 때는 전화라도 해서 이야기 나눠주세요. 밤에 잘 때 같이 한 이부자리에서 함께 잠을 자 주세요. TV도 같이 봐 주시고 TV 볼 때 주인공이나 뉴스에 관해서 물어봐 주시고 이야기 나눠주세요. C가 관심 있어 하는 놀이나 게임도 같이해 보세요. C는 많이 외롭답니다. 아버님이 시간을 같이 가져주시고 이야기를 나눠주시면 C도 아버님에 대한 긴장을 풀고 아버님께 다가올 거예요. 아버님도 어린 시절의 나를 조금은 놓아줄 수 있을 겁니다."

어쩌면 엄마가 파견을 간 시간은 아빠와 가까이 할 기회가 되었던 것 같다. 아이는 좀 더 마음을 놓게 되었고 동생 같은 고양이도 기를 수 있게 되었다. 아빠는 아이에게 관심을 갖게 되면서 학교 일에도 관심을 갖게 되셨고 학부모 회의에서 역할을 맡아 적극적으로 학교일에 임하게 되었다.

나를 인정하고 나를 바라봐 줄 때 다른 사람도 보이고 자녀도 보인다. 가장 중요한 나, 나에게 관심을 좀 가져야겠다. 그리고 관찰도 해야겠다. 그리고 많이 위로해 줘야겠다. 참 힘들었겠다고. 수고했다고. 많이 수고했다고.

2) 학부모 상담 사례: 두 번째

신규교사로 2학년을 맡았을 때, 몇몇 학부모님들은 어리다는 이유로 조금 예의 없게 느껴질 정도로 대하는 경우가 있었다. 나이는 몇 살인지, 결혼은 했는지, 아이는 있는지 등등 궁금한 것들을 가감 없이 물어보곤 하셔서 당황스러울 때가 종종 있었다. 체육 대회 날 우리 반 줄을 세우는 나를 보고 '선생님 생각보다 줄 잘 세우시네요.' 했던 어머니를 아직도 잊을 수 없다. 나에 대해 어떻게 생각하셨길래 이렇게 말씀하실까 하는 생각이 들기도 했었다. 또한 선생님이 아이가 없으셔서 이해를 못 하신다는 말을 들을 때도 있었다. 예전 같으면 당황스러워 아무 말도 하지 못했겠지만 이제는 말을 들으면 자신 있게 이야길 수 있다. 아이는 낳아보지 않았지만 교육에 관한 공부는 더 많이 했고 매일 가족만큼 많은 시간 아이와 함께 보내고 있다고. 나이가 어리다고, 아이가 없다고, 경력이 짧다고 기죽을 필요는 없다. 아이에 관한 관심과 사랑의 넓이와 깊이를 누가 재단할 수 있겠는가.

3학년을 맡았을 때 우리 반에 특수반 친구가 한 명 있었다. 매우 조용하고 수줍음이 많은 친구였는데 또래보다 아주 작고 마른 친구였다. 아이는 특수반 친구이지만 교실에서 게임 활동을 하거나 어떤 이야기를 하면 한글 읽는 것은 어려워해도 눈치도 빠르고 이해도 잘하는 편이라 특수반에 갈 정도는 아닌 아이 같은데 하는 느낌이 들었다. 하지만 밖에서는 문제가 자주 발생하여 학부모님의 항의 전화를 아침저녁으로 거의 매일같이 받았다. 알고 보니 방과 후 집으로 곧장 가지 않고 어두워질 때까지 학교 주변을 계속 배회하고 있어 친구들과 자꾸 문제가 생기는 것이었다. 그런데 어느 날 가끔 어머님의 전화가 올 때면 무슨 말인지 잘 알아듣지 못할 정도로 술에 취해 계실 때가 있었다.

또 어떤 날은 수업 중 술에 취해 찾아오셔서 연구실에 앉아 계시기도 하였고 이야기를 한번 시작하면 한 시간도 넘게 하셨다. 처음에는 당황스럽기도 하고 몸이 지칠 때도 있었지만 아이의 교육을 위해 말을 끝까지 들어드리려고 했다. 나중에 알고 보니 알코올 중독 진단을 받으셨다는 이야기를 듣게 되었다. 계속되는 상담을 통해 이야기를 듣고 나니 어머니는 나에 대한 마음을 조금씩 여셨다. 몸이 지칠 때도 있었지만 교사와 학부모의 관계를 끝까지 친밀하게 유지하기 위해 노력하였다. 이로 인해 그 학생과 관련된 문제들이 터지고 전화가 올 때 이미 나와 어머니 사이에 라포가 쌓여 나의 입장을 이해해 주시기도 하였다. 아이를 사랑하는 마음만큼은 어머니와 나의 마음이 공통된다는 것을 알았기 때문이다.

자신의 주체 못하는 감정을 있는 그대로 쏟아내는 학부모님을 만나 본 적이 있는가. 아마 교사라면 열에 아홉은 그런 경험을 해봤으리라 생각한다. 너무 당황스러워서 내가 미안해할 상황이 아닌데도 미안하다는 이야기를 하기도 했었다. 말한 후 내 안에서 올라오는 억울함과 후회스러움에 잠을 못 잘 때도 있었다. 다음에는 그러지 말아야지 하면서도 다른 사람에게 듣기 싫은 소리를 잘 못하는 나의 성격 때문인지 매번 나의 다짐은 실패했다. 어느 날 한 경력 있으신 선생님의 상담 고민을 듣고 뒤통수를 맞은 것 같은 느낌을 받았다. 작년 우리 반에 있었던 아이를 그 선생님이 맡게 되셨는데 학부모가 예의 없게 행동해서 무척 화가 나 나에게 작년 이야기를 듣고 싶다는 것이었다. 작년에 아이가 힘들었긴 했는데 학부모와 크게 갈등은 없었던 경우였다. 그 상황에서 선생님의 반응이 너무 충격적이고 신선했다. "어머니께서 지금은 조금 흥분하신 상태이신 것 같아 저도 당황스럽고 지금 어떤 일을 이야기하기는 어려울 것 같네요. 마음을 가라앉힌 후에 차분히 대화를 나눌 수 있을 때 다시 전화해 주세요."라고 하셨다고 한다. 지금까지 상담 중 나는 나의 기분과 상태는 돌보지 않았다는 사실을 깨달았다. 심지어는 민원 처리할 때 나의 잘못이 아닌데도 죄송하다는 이야기를 하기도 했었다. 하지만 학부모에 대한 선생님의 단호함에 내 자신을 돌아보게 되었고 용기를 얻었다. 교사도 사람이다. 누군가의 감정의 쓰레기통이 아니다. 기분이 나쁘면 기분 나쁘다고 표현할 수 있어야 하고 힘들면 힘들다고 표현할 수 있어야 한다. 이 사실을 잊고 있었다. 물론 학부모와 말다툼을 하라는 이야기가 아니라 학부모와 교사 모두 멈추어 숨 쉬고 진정할 시간이 필요하다는 것이다. 그리고 도가 지나친 경우라면 우리도 자신을 보호할 수 있어야 한다.

반면 학부모님들과의 상담 도중 힘을 얻을 때도 많다. 나의 노력과 이런 마음을 알아주시고 또 그것을 감사하다는 말로 들을 때 교사로서 내가 살아있음을 느낀다. 누군가에게 나의 노력이 인정받을 때 정말 감사하고 더 열심히 노력하게 되는 것 같다. 또한 어떤 문제가 터졌을 때 아이의 말만 믿지 않고 차분하게 선생님인 나의 말에도 귀 기울이시는 모습을 보았을 때 존중받는 느낌이 들어 더욱 적극적으로 해결해드리고 싶은 마음이 샘솟아 오른다. 아이라는 교집합을 가진 교사와 학부모는 뗄레야 뗄 수 없는 관계이다. 서로를 배려하고 적극적으로 지원하고 관심을 기울인다면 그 결과는 결국 아이에게 긍정적으로 돌아올 것이다.

3) 학부모 상담 사례: 세 번째

우리 반은 여학생들이 모두 잘 단합한다. 리더십과 아이들의 신망을 받은 아이가 여학생들을 잘 챙기고 말없고 수줍음이 많은 아이들까지 다독이고 격려해서 여러 가지 활동을 하는데도 소외되는 아이들이 없도록 했다. 이에 아이들도 잘 호응하여서 아이들과의 관계가 좋았다. 이러한 관계는 2학기 때까지 쭉 유지되었다. 여학생들에게서 흔히 일어나는 그룹을 만들어서 서로 대치하고 그 상황 속에서 어느 그룹에도 끼지 못해 이 그룹 저 그룹을 오가며 거기에서 한 말들을 전해 분란을 일으키는 일도 없었다. 나는 흐뭇한 눈으로 그 여학생들을 쳐다보는 날이 계속되었다. 그러던 중 문제는 엉뚱한 곳에서 발생했다.

수학여행을 다녀온 후 ○○이는 혼자 앉아있는 경우가 많아졌다. 항상 즐겁게 재잘거리며 명랑하게 놀던 모습과 달라져 있었다. 친하게 지내던 아이들에게 "애들아, 요즈음에 ○○이랑 왜 안 놀아?"라고 물었다. 아이들은 그냥 대수롭지 않은 듯 "그냥요." "별 이유 없어요."라고 대답했다. 그러나 며칠이 지나도 ○○이는 아이들과 어울리지 못하고 혼자 앉아있거나 아이들의 주변만 맴도는 현상이 계속되었다. 그래서 아이들을 챙기고 리드하는 아이에게 물었다.

"너희들 그룹도 만들지 않고 모두가 다 친하게 지내고 내성적인 친구들까지 모두 챙겨서 함께 놀고 어울리는 것을 선생님은 참 기쁘게 생각하고 있어. 그래서 선생님은 너희들을 자랑스러워하고 있어. 그런데 요즈음 ○○이가 혼자 지내는 것 같더라? 혹시 이유를 알고 있어?"

아이는 망설이며 "선생님 그게요……." 하며 이야기를 했다.

아이의 이야기를 요약하면 이러했다. ○○이와 아이들은 잘 지내고 있었는데 수학여행에서 함께 방을 쓴 아이들에게 ○○이가 다른 아이들의 단점 등을 이야기했다는 것이다. 그런데 모두가 격의 없이 친하게 지내던 우리 반 여학생들은 ○○이가 모든 아이들의 뒷담화를 했다는 것을 알았다. 그래서 배신감을 느낀 아이들이 하나하나 멀어지다

보니 ○○이가 고립되어 버린 것이다.

먼저 이것을 인지한 나는 아이들에게 선생님과 함께 이야기해 볼 것을 제안했다. 그런데 아이들은 자기들끼리 먼저 이야기해 보겠다고 했다. ○○이에게는 "선생님이 부모님께 말씀드릴까?"라고 이야기하자 부모님께서 걱정하실 것을 우려해서 이야기하지 말라고 했다. 그래서 나는 아이들이 서로 이야기하고 해결할 시간을 주었다. 이전에도 아이들은 관계의 문제가 생겼을 때 이야기할 시간을 달라고 했고 아이들은 자기들 나름대로 해결을 위해 노력하였다.

그러던 중 ○○의 어머니로부터 우리 아이가 학교에서 잘 지내고 있냐는 문자가 들어왔다. 상황을 알고 문자를 보낸 것인지 그냥 단순한 질문인지는 몰랐지만, ○○이가 아이들과 문제가 생겨서 지금 갈등을 해결 중에 있다고 안내를 했다. 실제로 아이들과 나는 ○○이에 대해 이야기하고 있었고 아이들 스스로도 문제를 해결하기 위해서 노력하고 있었다.

부모님은 상담하기를 원하였고 다음 날 방과 후에 상담을 하게 되었다. 부모님 모두 함께 찾아오셨다. 학부모 상담은 항상 긴장되기는 하지만 교사는 여유가 있어야 한다. 너무 긴장하지 않고 긴장한 티를 내서는 안 된다. 그러면 덩달아 부모도 긴장할 수 있기 때문이다. 교실로 들어오신 부모님들 인사를 하고 나서 "○○노조 부위원장" 명함을 주시면서 "선생님, 녹음 좀 해도 되죠?" 하면서 펜형 녹음기를 책상에 놓았다. 나는 당황하지 않고 웃는 얼굴로 "저도 함께 녹음하겠습니다." 하며 휴대폰에 녹음 앱을 켜며 말하였다. '몰래 녹음하지 않은 것이 얼마나 다행인가?' 생각하며 상담을 시작했다.

부모님은 자신의 아이를 왕따로 만든 아이들을 서면 조사해서 처벌해 주기를 원하였고, 상태에 따라 "학폭위"에 회부할 생각도 있다고 하였다. 나는 나름대로 아이들에게 자신들의 마음과 지금의 상황을 글로 남겨보도록 했고 아이들의 상황을 충분히 인지하고 있었다. 부모님께 나는 아이들이 ○○이를 조직적으로 왕따시키거나 따돌린 것이 아니고 관계를 회복 중이니 기다려달라고 말씀드렸다. 실제로 아이들의 다툼이 괜히 부모들이 개입해서 망치는 경우를 본 적도 있다. 전학을 원하는 부모님의 말에도 가장 쉽게 해결하는 방법은 전학을 가는 것이지만 그렇게 하면 ○○이가 아이들과의 관계를 만드는 방법을 익힐 수 있는 기회를 잃어버리는 것이라고 설득하였다. 교사인 나에게 가장 쉽게 이 상황을 벗어나는 방법도 ○○이가 전학을 가는 것이었지만, 아이에게 관계를 만드는 방법을 영원히 익히지 못하게 되고, 부모에게 의존성만을 높여 아이의 마음속에 상황을 회피하는 태도가 새겨질까 걱정이 되었기 때문이다.

부모님 상담이 끝나고 스스로 흥분된 마음을 가라앉히고 있었는데, 몇 시간 후에 부모님으로부터 잘 부탁드린다는 전화를 받았다. 나는 이후 아이들과의 관계를 되돌리기 위해 노력했다. 이 상황을 부모님께 늘 문자 메세지로 전달했고, 상황에 따라서 학급 커뮤니티를 통해 ○○이가 아이들과 어울리는 모습을 사진으로도 보내드리면서 회복되어가는 관계를 부모님에게 알렸다.

아이들은 마음이 멀어져 있는 상태였지만 집단적으로 린치를 가하거나 조직적으로 아이를 따돌리거나 하는 상황은 아니었다. 여학생 대다수는 배신감에 마음이 쉽사리 열리지 않는 상황이었고, 외톨이가 된 아이는 그 아이대로 외롭고 힘든 상황이었다.

나는 ○○에게는 계속해서 "선생님이 너를 위해 신경 쓰고, 관심 갖고 아이들에게 이야기하고 있다."고 말하며 격려하고 혼자만이 아니라는 사실을 계속 인식시켜주었으며, 다른 아이들에게는 자신이 왕따나 따돌림 당했던 때를 생각해 보게 하면서 ○○이가 얼마나 힘들지 공감할 수 있도록 노력했다.

이러한 노력에 아이들은 '심하게 배신감은 느껴서 더 이상 ○○이와 가까이할 수 없을 것 같다는 아이들', '○○이와 가까이하고 싶지만 다른 아이들에게 미안하고 눈치가 보여서 가까이하기 힘들다는 아이들', 그리고 '중립적인 아이들'로 분류가 되었다.

나는 '○○이와 가까이하고 싶지만 다른 아이들에게 미안해서 가까이하기 힘들다는 아이들'과 '중립적인 아이들'에게 계속해서 상담을 통해서 관계가 깨지지 않고 회복될 수 있도록 했다. 이런 노력에 ○○이는 무사히 졸업하게 되었고 졸업식 날 ○○이의 부모님들은 따로 나에게 찾아와서 인사까지 하고 돌아갔다. ○○이는 중학생이 되어서도 잘 지내고 있다고 한다.

7부

학교 자원의
협력적 활용

1. 같은 학년 교사와 함께 협력하기

같은 학년 교사와 함께하는 생활지도

　최근 성황리에 방송을 끝낸 채널A TV프로그램 〈강철부대〉를 보면 출신 부대의 명예를 위해 몸을 내던지며 나보다 동료를 더 챙기는 특수부대원들의 동료애가 진한 감동을 불러일으킨다. 프로그램을 보며 동료 교사들이 떠올랐다면 어떻게 생각하는가? 혹자는 아이들과 공부 가르치는 선생님들이 하는 일은 너무나 보잘것없어 특수부대원들의 목숨을 건 사투와는 비교할 것이 못된다고 할지도 모른다. 그렇지만 학교 선생님들의 동료애는 생각보다 끈끈하다. 1년 동안 같은 구성원으로서 거의 모든 일을 함께하며 체육대회, 학예회와 같이 매년 돌아오는 행사도 어떻게 하면 더욱 만족도를 높일 수 있을까 고민한다. 우리 학년의 공개수업은 어떻게 차별화해 볼까 고민하며, 학교폭력 사안이 발생하면 모두가 함께 머리를 맞대며 담임이 놓치기 쉬운 부분을 챙겨준다. 1년 동안 함께 고군분투하며 지내다 보면 어느새 옆 반 아이가 우리 반 아이 같고, 인사하는 아이 한 명마다 이름과 사는 동네 정도는 외우게 되는 것이 교사의 한해살이이다. 누군가 아프거나 사고를 당해 출근이 불가능한 상황이 되면 누구 하나 탓하지 않고 묵묵히 빈 시간표를 채워주는 것이 같은 학년 교사이다. 이렇게 소중하고도 소중한 같은 학년 교사와 함께 생활지도를 하면 어떤 부분에서 특별한 효과를 볼 수 있는지 나의 경험을 소개하고자 한다.

실수 1 — 우리 반에 일어난 사건을 혼자 해결하려 애쓴다

학생의 문제행동 강도가 높거나 빈도가 잦은 경우, 내가 생각한 방법이 틀렸거나 효과적이지 않은 것이다. 갑자기 일어난 학생의 문제 행동에 놀라 혼자 대응하거나 학생의 문제행동이 교사의 잘못으로 보일까 문제를 공유하지 않고 숨긴다면 문제는 곪아간다. 서로 다른 경험과 노하우를 가지고 있는 동료 교사에게 허심탄회하게 학급의 사정을 알린다면 그들은 주저 없이 색다른 비법을 전수할 것이다. 우리 반의 사정에 딱 들어맞는 해결책이 아니라 하더라도 담임교사가 놓칠 수 있는 부분을 누군가가 점검해 줄 수 있고, 또한 동료가 주었던 도움과 격려의 말은 단비처럼 지친 담임교사의 마음을 위로해 줄 것이다.

실수 2 — 우리 반 아이와 다른 반 아이가 싸웠을 때 스스로 해결한다

우리 반 아이와 다른 반 아이가 연관된 문제의 경우에는 다른 반 아이와 상담을 하기 전에 해당 학생의 담임교사에게 문제 상황을 알리고, 함께 대화를 나누며 문제를 바라보는 시선과 해결하는 방식을 일관되게 해야 한다. 섣불리 두 아이 모두 지도하게 된다면 두 아이뿐 아니라 상대 담임교사에게 오해를 일으킬 수 있으며, 학부모의 공감을 얻어내지 못하는 생활지도가 될 수 있기 때문이다.

실수 3 — 우리 반의 학급살이를 같은 학년 구성원과 공유하지 않는다

"선생님~ 옆반은 ○○했다는데 우리 반은 왜 안해요?"(○○은 보통 피구, 축구 등의 체육활동이나 야외수업, 체험학습 등 담임교사가 하루 만에 계획하기 힘든 이벤트성 행사가 주를 이룬다.) 아이들이 선생님에게 하는 말 중에 정말 듣기 싫은 말이다.

빛나는 아이디어와 타고난 카리스마로 학급 운영을 알차고 재미있게 하는 교사들이 정말 많다. 하지만 내 교실이 아닌 다른 학급의 학급살이에는 신경을 비교적 덜 쓰게 되는데, 아이들은 귀신같이 다른 반에 무슨 활동이 재미있었는지 알아내어 소문을 내고 선생님을 조르기도 한다. 학교의 모든 구성원이 일률적으로 같은 교육 활동, 같은 학급살이를 할 수는 없다. 선생님의 개성과 가치관에 맞게 끊임없이 수업을 재구성하는 일이야말로 초등교사를 하며 가장 보람 있고 재미있는 일 중의 하나일 테니 말이다. 다만 이렇게 정성을 들여 일구고 있는 학급살이를 학년 구성원과 공유하는 것을 추천한다. 서로 이야기를 나누다 보면 배울 점이 분명히 있기 때문이다.

실제로 선생님이라면 누구나 연차, 성별, 수업 실력과 상관없이 아이들에게 써야 할 마음이 소진되어 더 이상 교직 생활을 이어나갈 수 없었던 경험이 있을 것이다. 학급에서 일어나는 문제들의 특징은 정해진 답이 없다는 것이다. 답이 없는 문제를 풀기 위해 전전긍긍하던 나 역시 교사로서의 개인적인 위기에 가장 도움이 되었던 경험은 단연코 같은 학년 교사와의 연계가 아니었을까 생각한다. 이 챕터를 읽으며 공감하는 부분이 많지 않았던 교사라면 조금 더 마음을 열고 옆 반 선생님과 허심탄회한 교육 이야기를 나눠보길 바란다. 분명 주는 것보다 받는 것이 많을 것이다.

2. 위Wee클래스 상담교사와 협력하기

공감과 대화로 아이의 마음을 보듬으려는 교사의 노력만으로도 문제 해결의 열쇠를 찾을 수 있는 다행스러운 상황이 많지만, 반면 그것만으로는 부족한 상황 역시 분명히 있다. 바로 전문가의 손길이 필요한 경우이다. 이런 경우에는 시간을 지체하지 않고 빠르고 정확한 판단을 내리는 것이 학생과 학부모, 교사와 다른 학급의 아이들을 지킬 수 있는 선택이 된다. 다행히 각 학교에는 위Wee클래스 상담실이 설치되어 운영 중이고, 상주하는 상담교사가 있는 학교가 많다.

담임교사는 학교생활을 하며 반복적인 문제를 일으키거나 보다 심층적인 상담이 필요하다 판단되는 경우에는 상담교사에게 상담을 의뢰할 수 있다. 교실 속에서 많이 보이는 학습 장애, ADHD(주의력 행동 결핍 장애), 품행 장애, 우울증 등의 특성을 가진 아이들은 전문가의 도움이 있다면 훨씬 큰 변화를 이끌어낼 수 있다. 수업시간에 잡담을 하거나 가만히 앉아있지 못하는 문제행동을 하는 학생을 수업태도가 불량하다고 평가한다면 그 학생은 매 수업시간마다 지적을 받을 것이다. 그러나 다른 사람과의 대화에서 잦은 말실수를 하고 체계가 필요한 일을 순서대로 하지 못하며 물건을 잘 잃어버리는 등의 행동을 종합하여 관찰하면 이 학생은 ADHD의 가능성이 높은 학생임을 알 수 있다. 이 경우에는 단순한 지적은 효과가 없기 때문에, 단기적인 목표를 정해 꾸준히 성취감을 느끼며 행동을 교정해 나갈 수 있도록 지도하는 방법이 필요하다. 담임교사는 한 교실에서 많은 아이들을 만나 수업을 진행하기 때문에 이러한 부분을 놓치기 쉽다. 보다 상담사례가 많고 전문적인 시각으로 아이들을 바라보는 상담교사는 이러한 부분에서 생활지도에 큰 도움을 줄 수 있다.

[사례]

6학년 여학생 A는 수업시간에 자주 졸며, 숙제를 잘 해오지 않는 학생이다. 담임교사는 평소 게임을 많이 하여 학교생활에 성실하지 않은 것으로 파악하며 보다 성실하게 학교생활을 할 수 있도록 지도하려 노력하였다. 그러나 상담교실에서 실시한 심리검사 결과, 우울감이 매우 높은 수치를 기록하였으며, 자살에 대한 생각을 자주 하는 학생으로 나타났다. 담임교사는 상담교사와 연계하여 매주 2회 상담교실에서 마음 속의 우울감을 이겨낼 수 있도록 상담하였고, 평소에 수면 시간을 틈틈이 체크하고 수면의 질을 높일 수 있도록 학부모와 상담하여 보다 행복한 학교생활을 하도록 도울 수 있었다.

담임교사는 상담의 질과 효과를 높이기 위해 상담교사가 요구할 경우 아이에 대한 기본적인 정보 및 아이에 대한 상담교사의 이해를 높일 수 있는 생활 속에서의 관찰 내용을 제공하면 된다.

위클래스는 아이들에게 교사의 요청 없이도 스스로 찾아가 도움을 받을 수 있는 곳임을 아이들에게 충분히 안내하여 자발적으로 찾아갈 수 있는 열린 공간으로 인식하게 하는 방법도 좋다. 아이들은 작은 고민이라도 상담교사와 이야기하며 그저 자신의 이야기를 들어주는 것만으로도 큰 힘을 얻는다.

학생이 상담 교실에서 검사 및 상담을 받기 전에 학교에서의 상담 활동에 동의한다는 내용이 담긴 학부모 동의서가 필요하다. 또한 각 교육청에서는 학생들의 정신건강을 위한 심리상담센터를 특색있게 꾸려 운영한다. 학생 상태에 대한 진단부터 알맞은 상담, 치료까지 전반적인 도움을 모두 한 곳에서 받을 수 있으며, 필요에 따라 외부기관과의 연계 역시 도움을 받을 수 있다.

3. 학교 관리자와 협력하기

학교라는 교육 공동체가 건강하게 운영되기 위해서는 관리자와 교사의 쌍방향 의사소통이 중요하다. 대한민국 각 분야에서 일어나는 세대 차이, 문화 갈등은 교육 현장에서도 어김없이 일어난다. 기초와 기본을 중요하게 생각하는 관리자와 혁신적인 시도를 해보고 싶어 하는 젊은 교사들은 서로를 이해하지 못하고 소통하려 하지 않는 모습이 보이기도 한다.

사실 전 세계의 학교 교장, 교감 선생님이 하는 일은 나라별로 퍽 다른 모습이다. 미국의 교장 선생님들은 문제 학생, 학부모 상담을 하며 학생 생활지도에 큰 비중을 차지하고 있고, 핀란드의 교장은 주 2회에서 많게는 20회까지 반드시 수업하도록 정해져 있어 학생들과의 소통이 보다 직접적으로 이루어지기도 한다.

반면 대한민국은 교실에서 문제가 일어나면 관리자보다는 교사의 책임을 먼저 묻는 분위기이다. 이 때문에 교사가 관리자에게 먼저 학급에서의 어려움을 토로하고 도움을 요청하기 어렵기도 하다. 이러한 분위기의 공교육은 국민들에게 나날이 추가되는 실망스러운 기사를 접하게 하였고, 공교육에 대한 불신이 나날이 깊어지게 하는 효과를 낳기도 했다.

그렇다면 대한민국의 교육은 정말 변화 없이 폐쇄적이고 보수적인 집단으로만 남아있는가? 학교 관리자와 교사들은 자정과 반성의 목소리를 내지 않는가? 필자는 그렇지 않다고 생각한다. 전 세계에서 우리나라는 아마 교육 정책이 가장 변화무쌍한 나라일지도 모른다. 대통령, 집권당, 해외에서 호평받는 교육 흐름에 따라 유연하게(다르게 말하자면 줏대 없이 너무나 많은 정책이 시도되었으나 그 안에는 확고한 철학과 교육 공동체의 공감이 부족했다.) 다양한 정책 시도를 해오고 또 해왔다. 많은 실패가 있었지만, 그중 교육현장에서 학교 구성원에게 환영받는 새로운 시도도 생겨났다. 새롭게 시도하여 실패하면 아쉽지만, 시도도 하지 않는다면 발전이 없다 믿기에 이미 생겨난 수많은 실패도 모두 의미가 있었다고 생각한다. 이 중 현장에 있는 교사라면 교실에서 혼자 끙끙 앓지 말고 관리자의 지원을 받으면 훨씬 효과적으로 해결이 가능한, 그리고 관리자의 지원이 필요한 상황 세 가지를 소개한다.

첫 번째, 학교 폭력 사안 발생 및 성폭력 사안에 해당하면 바로 관리자에게 알려야 한다. 특히 학생 개인의 문제보다 가정환경, 건강상의 문제가 복합적으로 학생에게 악영향을 끼치고 있는 상황이라면 관리자가 미리 학생의 대략적인 형편을 파악해 두는 것이 문제 예방과 문제 상황을 처리하는 데 도움이 될 수 있다.

두 번째, 학부모 간의 갈등이 심화되면 관리자의 지원이 필요하다. 학교에서는 아이 싸움이 부모 싸움으로, 교사는 결국 고래 싸움에 끼인 새우등 신세가 되는 경우가 종종 있다. 예를 들어, 친구와 장난을 치다 치아를 다치게 된 경우, 아이끼리 장난으로 그럴 수 있는 것 아니냐, 영구적인 치아 손상을 입어 금전적 보상이 필요하다 등의 실랑이가 벌어질 수 있다. 그리고 담임교사가 혼자 양측의 이야기를 들어가며 의견을 중재하는 것은 매우 어렵다. 이런 경우 담임교사는 관리자에게 중재를 요청하여 문제 해결의 실마리를 잡을 수 있으며, 교실 안의 나머지 아이들에게 더욱 집중할 수 있다.

세 번째, 교사의 교권을 침해하는 행동을 하는 학생이 있다면 교사는 교권보호위원회 소집을 요청할 수 있다. 관심과 사랑으로 문제행동을 충분히 고칠 수 있는 희망적인 상황도 많지만, 그렇지 않은 경우도 언제나 있다. 교권을 보호하기 위한 조치가 필요한 상황에는 관리자에게 교권보호위원회 소집의 필요성을 알리고, 받을 수 있는 도움을 최대한 받는 것이 좋다.

교장실은 언제나 열려 있다. 교칙으로 정해진 학교 생활규정을 명백히 어기는 학생들은 담임교사가 혼자 생활지도하기에 많은 어려움이 있다. 이때 관리자는 교장실과 교무실을 활용하는 데 협조할 준비가되어 있어야 한다. 관리자의 생활지도 비결이건, 권위 때문이건 간에 아이는 담임교사와 함께할 때와는 전혀 다른 모습을 보일 것이다. 관리자의 권위에 지나치게 의존하는 것 역시 교사 본인의 권위를 낮추는 일인 만큼 적절한 도움 요청의 시기를 현명하게 판단할 수 있어야 한다.

'한 아이를 키우려면 온 마을이 필요하다'는 말이 있다. '백지장도 맞들면 낫다'는 말 또한 익숙하다. 나의 문제가 골머리를 아프게 할 땐 다른 사람의 도움을 받는 것도 나쁘지 않다. 도움을 요청한다고 해서 그 사람이 능력이 없는 것처럼 보일까? 학급의 아이들을 생각해 보자. 별말 없이 멀뚱히 앉아있다 갑자기 울음을 터뜨리는 아이보단 힘든 부분을 솔직하게 털어놓고 도움을 요청하는 아이에게 마음이 더 가는 것이 이해되듯이 말이다. 당장 회의 시간에 결재를 받을 때만 불편하게 몇 마디 나누던 교장 선생님에 대한 시선을 바꿔 보자. 대화하다 보면 관리자 역시 분명 나에게 힘을 실어 주는 든든한 조력자가 되어 줄 것이다.

4. 그 밖의 교사 및 학교 구성원과 협력하기

학교 구성원과 협력하기

마음이 힘든 친구가 표현이 거칠게 나올 때 담임은 그 아이와 많은 시간을 보내고 더 많이 알고 더 많은 친밀감을 구성하고 있기에 힘들어도 대처가 가능하지만 교과전담 선생님들은 일주일에 2~3시간 정도의 시간만 함께 하고 수업 목표 달성에 많이 집중하기 때문에 이런 일들을 포용하기가 힘이 든다.

한 아이로 인해 3월에 세 분의 교과전담 선생님이 차례로 찾아오셨다. 연배가 있으신 선생님께는 아이의 마음이 힘들어하는 부분을 말씀드리고 서로 노력해야 하는 부분에 대해 말씀드렸다. 선생님은 이해한다고 말씀해주셨고 더 관찰하고 칭찬할 점을 찾아 격려해 주겠노라고 하셨다. 하지만 과제는 꼬박꼬박 충실히 점검하겠다고 하셨다.

영어 전담 선생님은 영어 수업의 도입 부분에 함께해 주시기를 부탁하셨다. 그래서 수업 초반에 학생이 교과서와 준비물을 준비하였는지 점검해 주고 학생이 수업에 안착되었다 싶을 때 교실에서 나왔다. 또한 담임교사와 교과전담 교사가 함께 과제 완료를 점검, 관찰하였고, 수업이 끝난 후 쉬는 시간에는 학생의 수업 관찰에 대해 함께 이야기를 나누었다.

새로 임용된 선생님은 학생이 예의 없고 무례하다고 생각되어 무척 화가 나 있었다. 아이가 일부러 교사를 무시하기 위해 그렇게 행동한다기보다는 본래 표현이 다듬어지지 않았고 정말 그래야 하는지에 대해 진짜로 모르는 경우가 많다고 설명하였다. 학생이 전담 선생님께 자신의 입장을 설명하도록 하였고 재발 방지를 위해 서로의 의사소통 방식에 관해 이야기를 나누었다.

교내 상담교사가 있는 경우에는 상담 교사에게 도움을 요청하기도 하지만 없는 경우에는 위센터나 아람센터에 문의하거나 상담을 의뢰하기도 한다. 경력이 있는 선생님께 말씀을 드려도 차분히 듣고 좋은 방향을 모색해 주신다. 또한 이러한 일들로 교사의 피로도가 누적되거나 치유가 필요한 경우, 교원치유센터 등을 활용할 수 있다.

타 학교 교사 및 상담 교사와의 연계

형이 동생에 대한 폭력이 이어졌을 때 형이 다니는 중학교에 전화를 걸어 담임교사와 상황을 논의하였다. 담임교사와 학생과의 상담이 원만히 진행되지 못한 경우를 위해 상담교사와 통화를 했다. 상담 선생님은 상황의 심각성을 충분히 인지하였으며 담임교사가 요청할 경우 적극적으로 협조하기로 하였다.

3월에 전학 온 친구는 유난히 예민하였다. 수업 시간에 과제 수행이 잘되지 않으면 울어버리고 짜증을 냈다. 친구 관계에서도 어려움이 있는 듯했다. 상담 기간에 학부모님과 상담을 했는데 학부모님은 자녀의 장점만 30분 동안 이야기했다. 보통은 장점을 이야기하더라도 염려되는 부분 한두 가지는 이야기하는 법인데 내내 칭찬만 했다. 그래서 전에 다니던 학교 담임 선생님을 찾아 전화했다. 다행히 전 담임 선생님은 전화를 잘 받아주셨다. 아이의 이전 생활을 묻고 현재의 생활을 말씀드렸더니 이전 학년에서도 친구 관계에서 어려움을 겪었던 이야기를 들을 수 있었다. 학생을 조금 더 이해할 수 있게 되었고 이를 바탕으로 현재 학급에서의 친구 관계를 함께 풀어나가고 서로 신뢰를 쌓을 수 있도록 도와주었다.

교내에 전 담임 선생님이 재직하시는 경우에는 필요에 따라 찾아가서 문의 드린다. 이번 학년에 올라와서 어떠한 변화가 있어 전과 다른 행동을 보이는 것인지, 아니면 이전부터 이러한 성향이 있었고 어떻게 대처되었는지를 알아본다. 선생님들은 이러한 도움에 대해 잘 응대해 주신다. 이러한 일들은 교사 간의 연결성을 갖게 하고 서로가 교육의 협력자임을 인지시키는 계기가 된다.

위센터와 아람센터와의 연계

3월 적응활동 시간에 '나 알아보기' 활동을 넣고 물고기 가족화 그리기, 빗속의 사람 그리기 등을 진행한다. 이러한 상담 기법은 전문가의 해석이 필요한 부분이어서 해당 부분의 전문적 소양을 가진 선생님께 구두 협조를 구한 후 공문을 보내고 인편으로 자료를 보내어 자문을 구한다.

학생 개인에 대한 회복이 필요한 경우 해당 센터에 전화해서 상황을 알린 후 학생 개인 상담이 가능한지 알아본다. 이후 학부모 동의서, 담임교사의 신청서 등을 작성하여 공문을 보내고 꾸준한 학생 개인 상담이 이루어지도록 한다. 3월 초에 각 센터에서 계획서를 보내오는데 여기에 상담 신청서나 학부모 동의서 등 각종 양식이 첨부되어 있으므로 이를 활용하면 된다. 한두 학생이 아니라 학급 전체의 문제가 발생할 경우 집단 상담을 요청하면 회기를 정하여 전문가의 집단 상담도 가능하다. 또한 특별한 경우에는 센터에서 지원하여 외부 상담 센터로 연결하기도 한다. 학부모의 동의만 구한다면 가까운 곳에서 전문적 협조를 구할 수 있다.

상담연구회의 도움

　세종특별자치시 교사상담연구회인 '세종초등상담연구회'에서는 참으로 다양한 세계를 열어주었다. 관계 중심 상담 연수를 열어 신뢰를 바탕으로 한 관계 맺기에 관해 한 발짝 들어설 수 있었고, 상담 도서 나눔으로 다양한 방면으로 상담을 접할 수 있었다. 감각통합 수업으로 아이들의 예민한 부분을 이해하고 들여다볼 수 있었고, 미술치료를 수업에 도입할 수 있는 방법을 익힐 수 있었다. 여러 가지 상담 도구를 새롭게 접하여 교실에서 적용할 수 있었고, 자신의 개인적인 어려움부터 힘든 학생과 학부모까지 마음의 짐을 내려놓고 격려와 지지를 받을 수 있는 힐링의 자리가 마련되기도 하였다. 상담연구회의 연수 중 회복적 생활교육은 생활지도뿐만 아니라 세상을 바라보고 관계를 다시 세우는 데 새로운 장을 열어주었다. 상담연구회는 안전한 공동체이며 편안한 마음자리이다. 과제가 주어질 때는 어떻게 해결하나 끙끙거리기도 하지만 결국은 힘듦을 넘어서며 나의 확장과 성장을 느낀다. 상담은 나를 찾아가는 과정이다. 함께 찾아주고 찾아가는 이들이 있어 오늘도 힘을 내어본다.

참고문헌

- 김명신 외(2011), **마음을 여는 초등 학급 상담**, 우리교육.
- 김인선 외 3인(2018), **임상 적용을 위한 미술치료기법**, 학지사.
- 김춘경 외(2016), **상담학 사전**(전5책), 학지사
- 김혜숙, 황매향(2012), **초등 교사를 위한 문제 행동 상담길잡이**, 교육 과학사.
- 이충권, 양혜린(2015), 청소년의 학대·방임경험이 정서문제와 또래관 계에 미치는 영향 : 정서 문제와 또래관계 간 상호인과성을 중심 으로, **청소년복지연구** 17(1).
- 이현아(2020), **그림책 한 권의 힘-읽고 쓰고 만드는 그림책 수업의 모 든 것**, 카시오페아.
- 정옥신, 이재용(2017), 중학생의 또래관계 형성과정에서 나타나는 관 계역동에 관한 근거이론 연구, **상담학연구** 18(4).
- 최정윤(2002), **심리검사의 이해**, 시그마프레스.
- 허승환, 화해를 위한 사과의 기술 '인·사·약', **행복한 교육**(2017년 4월 호).
- 경기도교육청(2014), **회복적 생활교육 매뉴얼**.

- Merten, D. E.(1996), Visibility and vulnerability: Responses to rejection by nonaggressive junior high school boys. *The Journal of Early Adolescence* 16(1).

공감으로 풀어가는
관계 중심 교실 상담

2021년 12월 13일 초판 1쇄 발행

저자	김미희, 김순정, 박하은, 배마리아, 성영순, 신동우, 이상락, 장현일, 정종훈, 조주원
교정·윤문	전병수
발행인	전병수
편집·디자인	배민정
발행	도서출판 수류화개

등록 제569-251002015000018호 (2015.3.4.)
주소 세종시 한누리대로 312 노블비지니스타운 704호
전화 044-905-2248
팩스 02-6280-0258
메일 waterflowerpress@naver.com
홈페이지 http://blog.naver.com/waterflowerpress

값 16,000원
ISBN 979-11-92153-00-1 (03370)